Enjoy是欣賞、享受，
以及樂在其中的一種生活態度。

脫下醫師袍，魔術闖天涯！

南美大暴走

South America

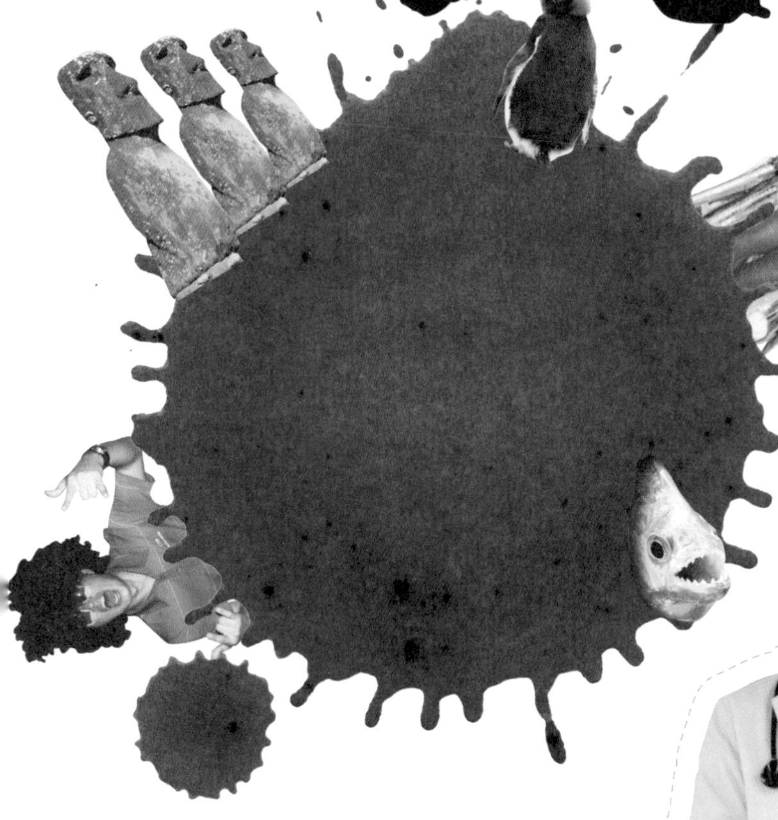

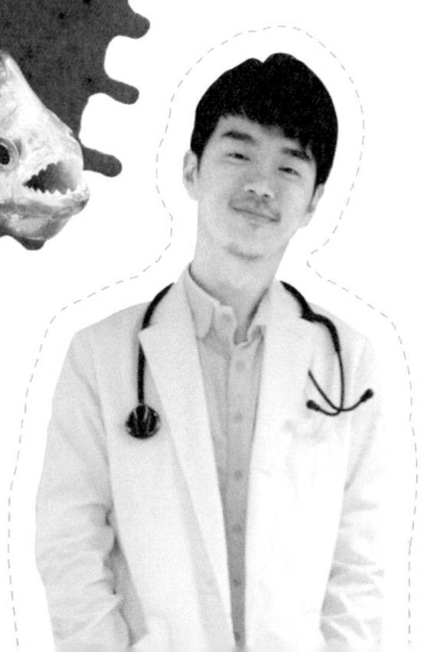

黃煜晏◎著　陳芸英◎撰文

魔幻的南美之行，即將開始

布宜諾斯艾利斯

火熱探戈，拉丁音樂，空氣中瀰漫自由的甜美。
知名的Caminito街是La Boca區的地標，一眼望去，繽紛鮮豔的色塊，
讓整條街活了起來。
只要付點小費，戴上紳士帽，摟著性感女郎，再擺出專業的探戈舞
姿，快門一按，你就是La Boca的舞王。

CAMINITO
HAVANNA

隆重的盛會——森巴舞

巴西

在巴西，每年的森巴舞比賽擠進超過九萬名的觀眾，票價相當不便宜，離遊行隊伍最近的位置，一張票就要價近三萬塊台幣。

雨林
亞馬遜

在溼熱的雨林裡，水位高漲時，連旅館都有一半泡在河水中。
在這裡，我體驗了生平第一次的食人魚垂釣、尋找特有的粉紅海豚、還喝下了成分不明的巫醫藥酒、甚至在亞馬遜河裡游泳……

夜

庫斯科——武器廣場

庫斯科最引以為傲的是石造建築工藝，其中以不同形狀緊密鑲嵌的十二角石（12-sided Stone）城牆最著名。

武器廣場是整座城市的中心。

當夜晚的路燈一盞盞亮起，

此時，也多了一份靜謐的浪漫情調。

Papas
1.50
1.00
0.70
1.00
0.70

日常

庫斯科——傳統市場

在晨曦中，庫斯科的傳統市場早已人聲鼎沸。嘈雜的叫賣聲之中，夾雜著攤販小孩的哭鬧聲。狹長的走道兩旁堆滿了及腰的大塑膠袋，裡面裝著各式各樣奇形怪狀、五顏六色的馬鈴薯。

以河為家

伊基托斯Belen區

伊基托斯Belen區的水上棚屋。在這裡，數千戶居民以河為家，房與房之間僅以木板隔開，床底下就是河水。居民必備的對外交通工具是船，每戶人家都有，就停在自家門口。

庫斯科大教堂

在暮色下，雲彩靜靜變換著光影，
人們在教堂前的階梯上或休憩或聊天，
構成了最日常的一景。

企鵝

南極

在南極大陸的土地上，成千上萬隻的企鵝，在距離人們身旁不到一步的距離，搖頭晃腦地走著。在風雪中，企鵝也懂得找樂子，牠們自己挖了一個滑水道，快速俯衝，玩得不亦樂乎。

不見盡頭的冰雪

南極

杳無人煙的南極大陸，一眼望去，是不見盡頭的冰雪。陸地上，只見企鵝搖搖擺擺地行走，有的三三兩兩，有的成群結隊，即使看見遠道而來的遊客，也未改變牠們悠緩的步調。

食

祕魯——阿曼塔尼島

在祕魯阿曼塔尼島的寄宿家庭裡，午餐是八條水煮馬鈴薯和一顆煎蛋，而這才是一般平民餐桌上最尋常的風景。用餐時，只有男主人作陪，女主人則蹲坐在廚房的炕邊吃，顯示了男尊女卑的社會縮影。

的的喀喀湖
蘆葦島

漂浮的蘆葦島是由一束束的蘆葦交叉紮緊，層層交錯地往上搭建而成。當舊蘆葦腐爛，只要鋪上新的蘆葦補強，島嶼的外型也會隨之改變。如果紮得不夠緊密，還可能被一腳踏穿。

天空之城

印加文明

印加帝國的古城

馬丘比丘

馬丘比丘究竟如何建造而成，至今成謎；這座幾乎以石塊堆疊而成的古城，遺址中包含各種神殿、住所、學校，廟……甚至還有精良的排水系統。

古城牆的接縫之密合，連一把刀都插不進去，砌石技術只可用「鬼斧神工」來形容，也難怪總有人不自禁地把「古文明」和「外星人」聯想在一起。

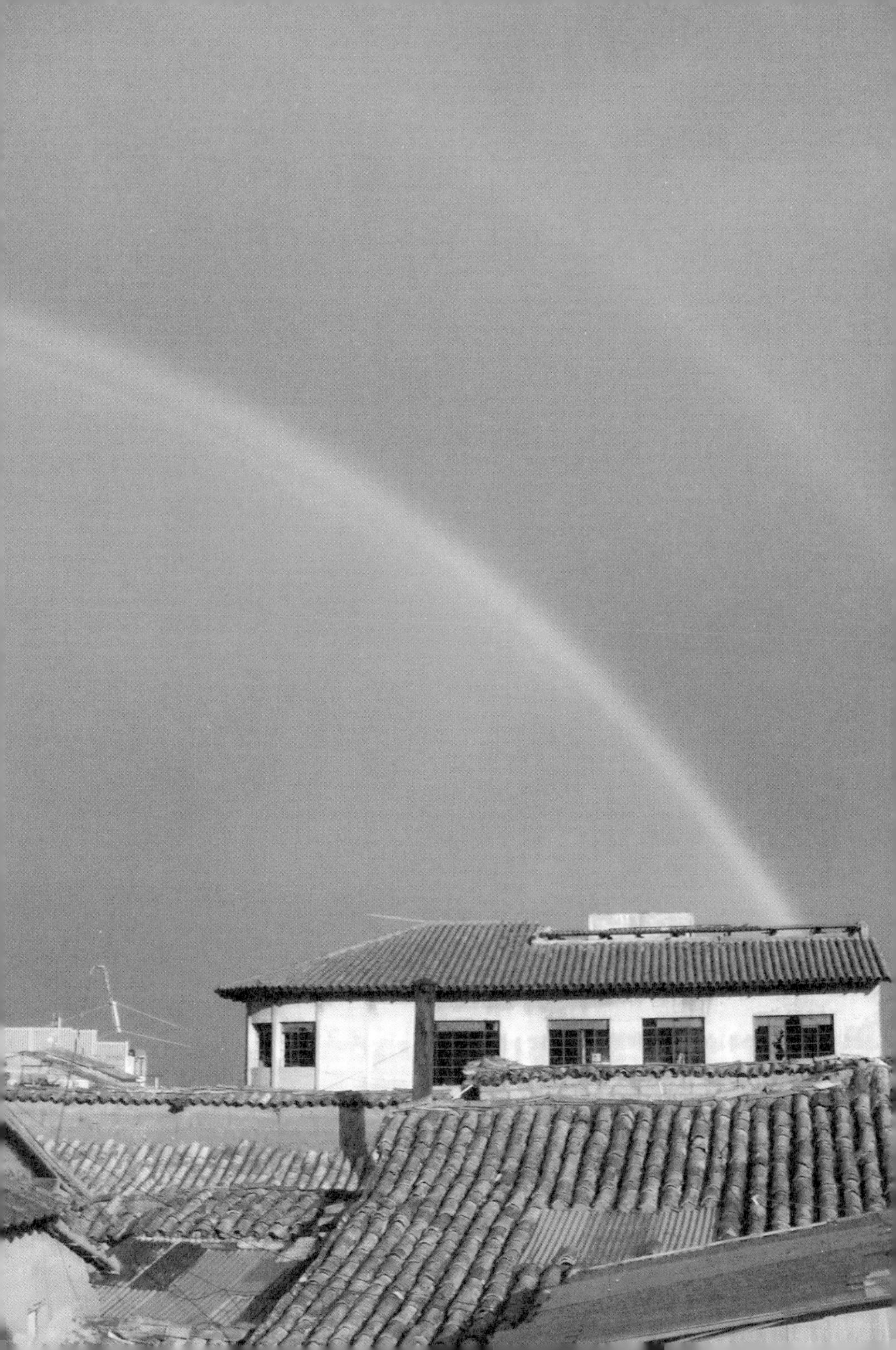

摩埃石像

復活島

雨後天晴，巨大的摩埃靜靜地佇立在海岸邊，已不知幾個世紀。城市的喧囂，人事的更迭，在這裡，都渺小得微不足道。

YAMAHA

是終站，也是起點

復活島

迎著鹹鹹的海風，騎著摩托車，奔馳在復活島的土地上，我知道，這裡是終站，也是起點。下一次的旅行，即將開始！

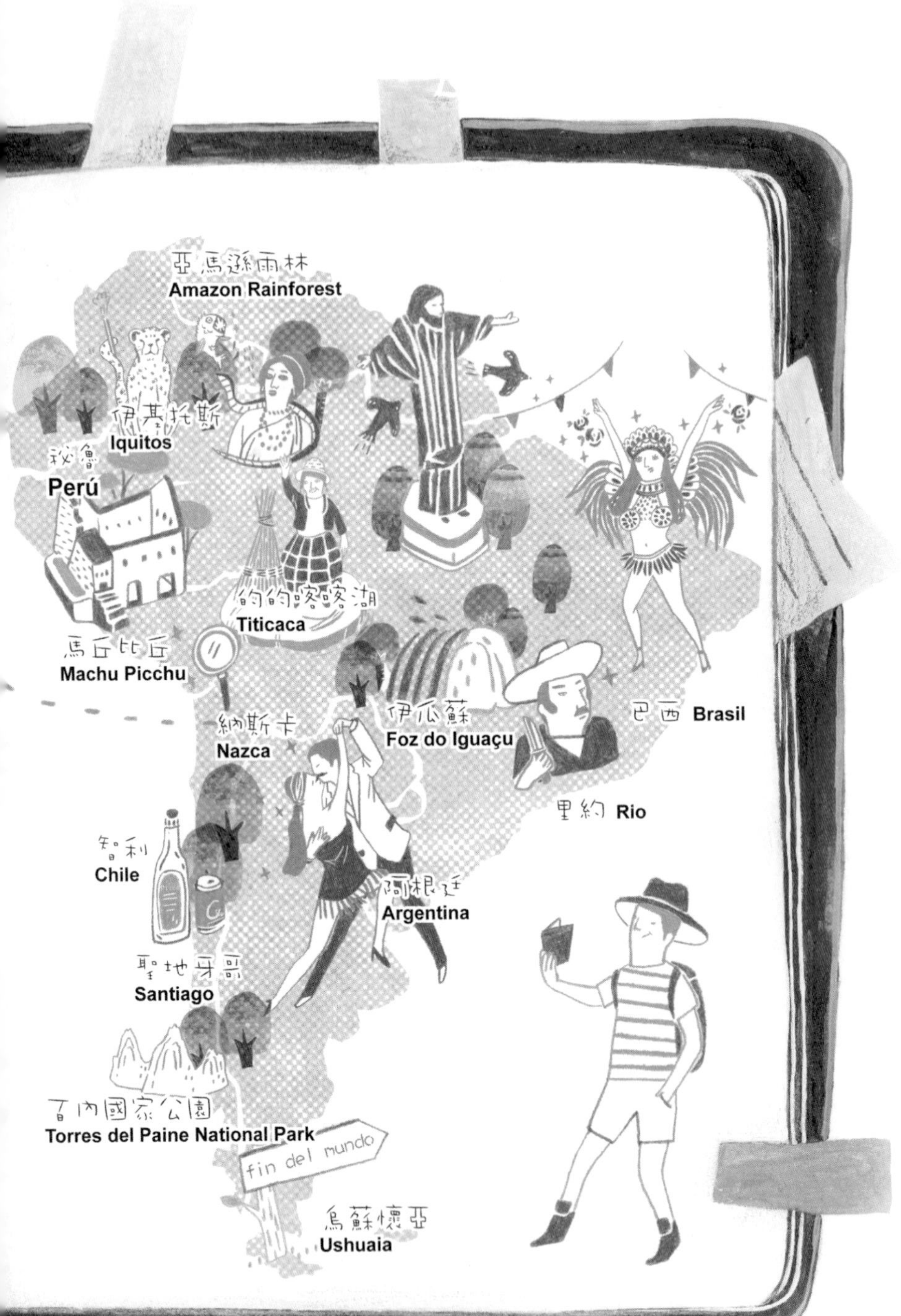
亞馬遜雨林
Amazon Rainforest
伊基托斯
Iquitos
秘魯
Perú
的的喀喀湖
Titicaca
馬丘比丘
Machu Picchu
納斯卡
Nazca
伊瓜蘇
Foz do Iguaçu
巴西 Brasil
里約 Rio
智利
Chile
阿根廷
Argentina
聖地牙哥
Santiago
百內國家公園
Torres del Paine National Park
fin del mundo
烏蘇懷亞
Ushuaia

(C)Pony Pei

南美大暴走

【自序】
改變自我的勇氣

聽著祕魯傳統的昆比亞音樂，一邊寫稿、一邊看著當年的相片，照片裡的年輕小伙子，現在已經長大成熟，是個獨當一面的醫師了，伊基托斯的那群好兄弟呢？現在還好嗎？一路上遇到的你們，都還好嗎？

從出版社接洽出書到現在，不知不覺已經過了一年半，寫這本書的初期是跟我的第一本書同時進行，要利用繁忙的醫院工作之餘同時進行兩本書的壓力，壓得我喘不過氣，那段時間的我常常瀕臨崩潰的邊緣，時不時都在想著為什麼要把自己搞得這麼累，為什麼不能簡簡單單地過日子就好，到底為什麼要這樣折磨自己？

「是我自己造成的吧？」我常在夜深人靜的時候苦笑着。

因為我很想讓我的人生過得精彩，我很想要完成每一件想要完成的目標，我想要任性地去完成我的夢想，既然我很幸運地得到了這些機會，為什麼要放棄呢？

要做的事一定要馬上去做，我們不知道下一秒，下一週，甚至是下一個月，這世界會變成怎樣，我們會變成怎樣，現在不做，到時候回想起來，會不會後悔呢？

絕對不要讓自己後悔，是我一直以來的信念。

人生就像是在玩一個闖關遊戲，你每闖過一個關卡就會得到一個寶藏，每一關也會有一些隱藏關，有些隱藏關你只要錯過了，就永遠不會再回來，而我就是想要努力地收集每一個人生的寶藏。

終於，一年半後，我拖著無數個下班之後疲累的身軀寫文章，經過了無數個寫到一半就趴在筆電前睡著的夜晚，完成了這一本呈現在你眼前的書，描述我從非洲回來後，到我正式開始住院醫師的訓練之前，一段一百零九天的流浪，在南美洲這塊神祕土地上，我展開一段熱血不已的奇幻旅程！

野性的巴西、優雅的阿根廷、凜冽的南極，原始的祕魯……因為真心信任這個世界，所以這趟南美洲之旅充滿著不可思議的經歷。我在販毒集團家中住了三週，跟著帶槍的保鏢去找人算帳；在瘋狂的嘉年華會被藍波刀頂著腹部，經歷生死存亡關頭；在巴塔哥尼亞高原拖著殘廢的腳挑戰自己的極限，在山頂與大霧大風大雪奮鬥；在亞馬遜叢林中，體驗神祕的傳統巫術療法。

一段平凡的旅程，因為旅程中所體驗到的不同人、事、物，而變得不平凡。

在這段旅行中我經歷了天堂跟地獄，因為太相信人，我勇敢地去嘗試各種事物，也因此把自己陷入瀕臨喪命的危險之中，搶匪拿刀子抵著我那冷酷的眼神、暗夜裡在耳邊響起的槍聲、零下的南極海水中面臨截肢的恐懼，到現在都還記憶猶新；但也因為這樣子的勇敢，我放開心胸去了解他們的喜怒哀樂，聆聽他們的故事，體驗他們的生活，讓我認識了許多一輩子的好朋友，經歷了一段與眾不同的旅程！

人生最大的冒險，就是不去冒險。

你，有改變自我的勇氣嗎？

目錄

南美大暴走
——脫下醫師袍，魔術闖天涯！

【自序】改變自我的勇氣 036

Chapter 1 巴西

揭開序幕 044
狂歡之城 051
沒有規矩的國度 057
屬於里約的節奏 064
蔓延山坡的野花村 074
拿著刀的男人 087
變魔術換住宿 094
伊瓜蘇瀑布 102

Chapter2 阿根廷
美好的空氣 110
阿根廷特產 116
二十人房 122
世界的盡頭 128
烏蘇懷亞號 133
踏上南極大陸 138
在南極游泳？ 142
你是傳奇！ 148
聽冰河唱歌 154
Chapter3 智利
挑戰百內W路線 160
硬漢行程 166
世界頂端的吶喊 172

塞西莉亞 182
我家沙發借你睡 186
Pisco-coke 191

Chapter4 祕魯

天竺鼠大餐 196
消失的城市 203
漂浮的蘆葦島 208
勇闖亞馬遜 213
叢林深處的小屋 221
巫毒儀式 225

Chapter5 伊基托斯

帕爾多的演唱會 232
與毒販同住？ 238

納斯卡線 244
難忘的生日 250
河上的槍聲 253
鞋子裡的賞金 258
離別 262

Chapter6 終章

神祕的復活島 266
巨石摩埃像 271
接近尾聲 277
壯遊之後 284
後記 291
【附錄】旅遊資訊 298

Chapter 1

巴西

揭開序幕

起點

二〇〇九年二月十八日清晨，啟程，一個人的夢想之旅。

出發前的心情很複雜，雖然這不是第一次的自助旅行，但卻是第一次「一個人」旅行，而且又是到語言不通、治安極差的南美洲，我的心情在興奮中帶著忐忑，甚至害怕起來。

「我行嗎？」我不斷思考這個問題。家人也很擔心，在搭客運往機場的路上，爸媽打電話來叮嚀我一些事情，弟妹也傳來簡訊，為我加油打氣。他們將憂慮轉為支持，鼓勵我往夢想中的旅程前進，我覺得很窩心，其實他們比我還要勇敢。

清晨的機場空蕩蕩，靜悄悄，櫃台都還沒開放，我卸下十八公斤的背包坐在候機室等待。

二〇〇八年十月我從布吉納法索退伍後，很幸運的，在隔年一月申請到「馬偕醫院家醫科」。台灣醫院有個行規——新進醫生都在七月上班。

我心想，是不是要利用這空檔做一件瘋狂的事，讓自己回憶一輩子？因為一旦當上醫生，再也不可能有眼前這半年的假期，人生大概就這麼一回。

我心裡有個聲音輕輕地說：「去冒險吧，做一些很酷的事！」

那麼，去哪裡呢？

我想起抵達布吉納法索當天眼前漫天黃土及遍地草屋的荒涼景象，到慢慢習慣了簡單悠閒的生活步調，後來反而愛上這種落後、未開發的感覺。到非洲服替代役的經驗鼓舞我去落後的國家冒險，我開始在腦海描繪屬於自己的旅遊藍圖。

我的第一個念頭是去看從國中就嚮往的巴西嘉年華會（Carnival），記得每年新聞都會播報，我認為那是全世界最瘋狂的活動。

對了，還要變魔術。

魔術所帶來的快樂、期待，興奮……曾伴我遠走非洲布吉納法索，如今，也是南美之行的起點。

從開始學習魔術以來，我一直想把魔術的驚喜與感動帶到世界的每一個角落。我曾在非洲、歐洲、北美洲以及亞洲各地表演魔術，但還未踏上南美，我一定要把握這次的機會，一路向南，到南極變魔術給企鵝看！我要把牌攤開請企鵝幫我選一張，然後把牠選的牌找出來！

不知不覺我將目標鎖定在南美洲，計畫以巴西為第一站，南下到阿根廷、南極、智利，北上到祕魯、亞馬遜河，再回到智利的復活島。

天微微亮了，候機室也逐漸熱鬧起來，一個人通過查驗櫃檯，海關人員在我的護照上重重蓋了個戳記。夢想越來越近，我登上飛機，找到座位坐下，閉上雙眼，可以感覺到飛機正飛離跑道，朝著南美洲前進。

這一趟行程將從香港轉機到英國倫敦，最後抵達巴西聖保羅國際機場，一共飛行三十五個小時，但我一點也不覺得累，因為我知道，再過幾個小時，我就要親身體驗全球知名的巴西嘉年華會了！期待漸漸掩蓋過不安，睡睡醒醒中，目的地，越來越近。

「轟！」飛機輪胎撞擊地面的聲響，替這趟旅行揭開了序幕。金色耀眼的陽光灑滿聖保羅，熱情地環抱著我，牆上巴西足球明星的巨幅海報，大螢幕中熱舞的森巴女郎，沒錯！這就是巴西，充滿活力的巴西！

剛走出機場大門，馬上就遇到一群充滿活力的計程車司機，他們不斷嚷嚷著充滿活力的葡萄牙文，但不懂葡文的我，壓根聽不懂他們說什麼，只能拿出事先印好的「台灣駐巴西辦事處」地址，用英文告訴他們這是我要去的地方。不過他們完全聽不懂英文，手舞足蹈地跟我比手畫腳，手指比著數字一三五，腳也閒不下來似地踩著輕快的森巴舞步，就這樣雞同鴨講了好一陣子，終於他們受不了了，拿出牌子，寫出往市區的價錢。

「不不不，太多了。」這價錢比我事先在網路上查到的價錢貴多了，「便宜一點啦。」我使出中國人的大絕招——殺價，用手比出想要的數字，他們搖搖頭，揮揮手，算了，反正我也不趕時間，還是坐巴士吧！走到巴士售票處，買票過程一樣混亂，經過一番折騰才買到票。

第一站，聖保羅

從機場往市區的交通並不順暢，不到半小時就看到了聖保羅最有名的景觀之一——塞車，我們陷入高速公路的車陣中，動彈不得，長長的車龍綿延好幾公里，聖保羅是全世界人口密度第三的都市，塞車是常有的事。

從巴士的窗戶望出去，綠色的山丘上高樓林立，灰色的大樓看起來沉穩先進；其實南美洲不如想像中落後嘛！

我在市區大道下車，那是當地最主要的街道，重要的行政機構都在這一條大馬路上，兩旁有不少漂亮壯觀的建築，人來人往，熱鬧非凡。

為了在聖保羅的阿根廷領事館辦我的阿根廷簽證，我先到了「中華民國駐巴西台北經濟文化辦事處」，負責接洽的是一位熱情的行政人員「晶雅」，她竭盡所能地協助我解決問題。我們很投緣，我說自己會變魔術，她很驚訝，希望我能表演一招給她看。我看了看桌上，隨手拿起三根迴紋針，把它們放在我的左手，握拳，「呼」，我朝左手吹一口氣，慢慢打開，三根迴紋針竟然自動串在一起了！她嚇了一大跳，把迴紋針拿去反覆檢查，還叫她的巴西同事們出來一起研究。我們越談越熱絡，赫然發現晶雅是台中人，而我大學時在台中住了六年，也算是半個故鄉，真是他鄉遇故知啊！

離開辦事處之前，我一再跟她道謝，並留下我的部落格網址，「我三不五時會在上面分享這趟旅行的心情，有空可以來看看喔！」

我拿著所需的文件到距離不遠的「阿根廷駐聖保羅領事館」辦理簽證，但是否核准需要五天的時間，萬一他們不發給我簽證，我就只好到伊瓜蘇的阿根廷辦事處再試一次，或者，放棄整個阿根廷跟南極的行程，而那會是一件相當令人失望的事。

送件後的心情很不安，但在等待核准的過程中，時間一點也不能浪費。我馬不停蹄地來到聖保羅的公車總站，準備坐車前往這趟旅行的開場秀——里約嘉年華會！

狂歡之城

Carnival

聖保羅的巴士總站規模相當大，有數百條路線，通往南美洲各主要城市。搭長途巴士在南美洲非常盛行，一趟旅程坐個二、三十小時的車是稀鬆平常的事；從聖保羅到里約只有六小時，算是短程的了。嘉年華這段期間，每年都會湧進近百萬的國際觀光客，幾乎南美洲每個城市都有慶祝活動，而其中以「里約熱內盧」最有名。

「要去Carnival（嘉年華）嗎？」巴士司機看到我揹著大背包，好奇地問。

「哈哈，對啊！」

「Wow! Carnival!」他高舉雙手，哼起了森巴舞曲，不顧旁人的目光大力扭動身體，肉肉的肚子跟著節拍one more two more地晃動，還沒到里約，我就已經熱血沸騰了！

在里約的街道上，悠閒的空氣，彷彿預告了即將到來的狂歡。

巴士抵達里約後，我轉搭公車，前往下榻的青年旅館。

公車駛在一條大馬路上，但沿路都是看不懂的葡文路標，我拿著地圖，左看右看找不到確切位置，這邊都是一些不規則的巷道，還好此時遇到一位好心的路人，直接帶我到青年旅館。原來它藏身於棋盤式的小巷子裡，外觀顯得破舊髒亂，不仔細看，根本看不出來是青年旅館；不過旅館靠近該區最負盛名的科帕卡巴納（Copacabana）海灘，地點相當不錯。

還沒走到門口，我就感受到狂歡的氣氛——震耳欲聾的音樂，轟隆隆地瞬間填滿整個耳道，一群年輕人拿著啤酒在院子改成的酒吧談天或隨著音樂起舞。他們看到站在門外的我，馬上熱情地前來打招呼，「yo man!」「你好！」「摳泥幾哇！」什麼語言都有，我還沒來得及回應，站在他們後面的朋友莫名其妙地打了前面男生一巴掌，然後兩個人就在院子裡追打起來。這就對了！就是要這樣子莫名其妙！我要住的就是這種青年旅館！

五人幫

我在櫃台check in時遇到一位背包客，他叫麥克（Mike），來自紐約，這次計畫在里約待兩個禮拜；年齡相近的我們，說好這幾天要一起出去玩。看起來有點宅宅的他，其實還滿能聊的。

但，愉悅的心情沒幾分鐘就消失了。

「……這裡沒有你的訂房紀錄喔。」櫃台小姐告訴我。

「什麼！怎麼可能？」我非常錯愕，我預計要在里約待十三天呢！嘉年華這段時間，里約的每間旅館都客滿，如果沒有事先訂房，臨時絕對找不到房間的！我憂心如焚，拜託櫃台小姐再看仔細一點。

過了幾十分鐘，她把我叫過去。「旅館曾發確認信給你，要跟你預收訂金，但沒收到你的回信，所以訂房就自動取消了。」可是我印象所及，真的沒有收到這封確認信。

「我們有寄，你看，這是寄信紀錄。」她開信箱給我看，「因為你沒有回覆，所以你的床位已經被別人訂走了。」天啊，這樣事情就麻煩了。

這時麥克主動走過來瞭解情形，「別擔心，若沒床位，就跟我擠一張吧！」麥克適時伸出援手很讓我感動，畢竟我們才認識不到一個小時。再過一會兒，櫃台小姐發現有幾張床位的客人不確定是否要來，就先讓我住；但她不保證第二晚仍有床位，「若第二天沒有地方睡，就來跟我擠一擠吧，走，放行李去！」

我覺得，大部分的背包客，心胸都很開闊且願意幫助他人，可能是個性使然吧，這種個性的人也比較有勇氣放下手邊的束縛，不顧一切地踏上異鄉的道路。

「房事」搞定，終於有心情與大家同樂了。

背包客五人幫與挪威帥哥(最右)。

大家都說來到巴西一定要先來一杯Caipirinha，我也來嘗嘗看吧！Caipirinha是巴西的國酒，按字面翻譯是「小鄉巴佬」的意思。在巴西，無論是高級飯店、小餐廳，甚至是路邊的小酒吧，都看得到它的身影。其實它是一種雞尾酒，主要是以甘蔗酒調製，在巴西已有四百年的歷史，以前是甘蔗園的主人釀給工人喝的；而現今巴西人，不管是藍領、白領，不分階級、不分男女，都喜歡喝Caipirinha。

甘蔗酒、檸檬、砂糖加上冰塊，冰冰涼涼一杯，有些人說喝起來像果汁一樣酸酸甜甜，但是三十到五十度的高酒精濃度，後勁可是很強的。我喝了一口，好烈啊，實在不合我的胃口。我一邊喝酒一邊加入他們，偶爾也隨著音樂搖擺。其中有三位來自澳洲的背包客主動跟我和麥克搭訕，分別是喬（Joe）、菲利浦（Philip）、奈特（Nat），他們是從小認識的朋友，利用大學暑假到南美洲度假，後來我們「五人幫」幾乎每天一起行動。

「Cheers!」我們舉杯，大大吞下一口啤酒，嘉年華的狂歡之旅，正式展開！

沒有規矩的國度

拉帕區（Lapa）

國際知名的里約嘉年華會一共有五天，每年的日期都不一樣，但大部分是在二月底三月初。

嘉年華的第一天，里約市長會交出象徵統治權的城市鑰匙給嘉年華之王莫莫王（King Momo），意思是，這五天我不管市（事），大家盡情狂歡，五天之後再把鑰匙交回。當莫莫王跳起森巴舞，便正式宣告慶典開始。雖然嘉年華會只有五天，但其實那一整個月巴西都籠罩在嘉年華的氛圍中，各種遊行、音樂會、展覽、街頭派對，在城市各地舉行，稱它是世界最大的慶典，當之無愧。

在里約的第一天晚上，我拿著啤酒，坐在旅館的院子裡跟大夥兒話家常。凌晨一點左右，忽然有人出聲，「時間差不多了，可以出發囉！」

在拉帕，有各式各樣的夜店和酒吧，人聲鼎沸，越夜越熱鬧。每間酒吧都把門打開，以迎接爆滿的客人，還有不少樂手直接在馬路上演奏起來，路人也情不自禁地聞歌起舞；我還看到路邊有一對老年夫妻，穿著「吊嘎」就直接在路上跟著樂團狂舞，街上滿滿的都是手拿著啤酒的男男女女，不管認不認識，大家互相敬酒，鬼吼鬼叫，整個拉帕區變成了一個大舞池，電音、搖滾、嘻哈，各種類型的音樂在拉帕都有一席之地，而最不能錯過的，當然就是經典的森巴音樂了。聽著熱情的森巴音樂，似乎有種魔力，會讓人著迷陶醉，跟隨著音樂的節拍，即使沒有人教授動作，也會被這四溢的熱情所感染，非常瘋狂，彷彿整個城市都在開party。

里約街頭標準穿搭。

在夜店時，我發現自己放不開，其實我是一個很容易high的人，但就差那麼一點，我問他們到底要怎樣才能更融入這氛圍？五人幫中的喬告訴我：「你不盡興是因為你沒有醉！」他拿了兩瓶啤酒給我，「喝就對了！」

我們一路喝一路玩，四點多要離開時，路上已經「屍橫遍野」，吐的吐、倒的倒，尖銳的警笛聲四起，處處可見警察忙著處理「屍體」以及鬧事的酒鬼，救護車來回穿梭在擁擠的人群之中，不時還得按喇叭驅趕早已失去意識的

嘉年華期間的里約地鐵，眾人嗨翻。

群眾。

喬也喝了個爛醉，我們拖著他上公車，車子才剛開動，他便打開窗戶，我以為他是太熱了想吹吹風，想不到他竟然拉下拉鍊對著窗外尿尿！「Wow... go go go!」其他人看到了非但不阻止，竟然還在旁邊起鬨！整個社會似乎沒有了規矩，而這只是在里約的第一夜！

森巴舞比賽

這一年的嘉年華會從二月二十日起至二十四日止，而其中最有名且全球關注的，就是官方在Sambadrome所舉辦的森巴舞比賽。全場有超過九萬名的觀眾，不分性別、年齡、膚色、貴賤，大家手拉手、肩並肩盡情享受這歡騰的盛會，來到里約嘉年華會，森巴舞比賽是一定不能錯過的重頭戲。

由於這是一個很盛大的比賽，門票當然不便宜，離遊行隊伍最近的位置，一張票要將近三萬塊台幣！但其實里約的每個青年旅館都有代購服務，可以買到當地人的票價，才七十九R（約台幣一千三百元），雖然還是不便宜，但跟官網上賣給觀光客的票價相比，已經便宜很多。我跟三位澳洲人都是買當地人的票，由於票價便宜，所以座位離遊行隊伍很遠，但其實我們不在乎位置的遠近，只是想感受現場的氣氛而已，而且我們的座位旁邊都是當地人，我喜歡，這樣才更能夠融入當地人的生活。

十三支隊伍分成兩天比賽，由於參與的學校很多，加上每間學校有一個小時的遊行時間，所以比賽時間很長，晚上九點開始比賽，往往到凌晨五點多才會結束。因為比賽時間很久，所以進行到凌晨三、四點時，觀眾席上會有不少人睡著，但他們只要一聽到支持隊伍的音樂，就會自動醒來加油，並且立即進入瘋狂狀態！

我們的座位旁邊坐了幾位里約的大學生，由於年齡相近語言又通，我們談得很起勁。「你們想不想學森巴？」森巴有基本舞步和踏法，每個巴西人都會跳個幾步。「我想學！教我們！」我當然不會錯過學習森巴舞的好機會！

「來，腳要這樣子踩，一二三四……」看他們的腳輕鬆地點著，但事實上並不簡單，大學時參加過熱舞社的我，即使有一點點的舞蹈底子，但還是跟不上這華麗的腳步，練習了十幾分鐘後，我得到一個結論：「巴西人一定有好幾隻腳！」

森巴舞比賽的會場，盛況空前熱烈，讓人目不暇給。

正當我笨拙地學習著森巴舞步時，現場竟然來了新聞記者，原來是有電視台到現場做連線訪問，就在我們前面！記者問：「你們high不high啊？」那群大學生一邊大聲說「high!」，一邊熱情地向鏡頭搖手，還有一個大學生被記者抓去訪問，我把握機會站在他們身後搶鏡頭，不知道有沒有機會繼登上非洲電視台之後，再度登上巴西的電視台呢？

屬於里約的節奏

充滿熱情的性感之都

除了在Sambadrome舉辦的森巴舞比賽之外，街頭遊行Bloco也頗有看頭，最常見的方式是由一台改裝造型的大花車領軍，上面有森巴女郎熱舞與節奏樂隊，各類的敲擊樂器，或刮打、或搖動、或摩擦，演繹出豐富又靈活的節奏，在樂隊和車子的帶領之下，大家跟著前進，隊伍綿延好幾公里！從馬路的這一頭走到另一頭，大概兩三個小時，儘管烈日當頭，但眾人一邊喝啤酒，一邊跟著熱情的節奏搖擺，一點都不覺得熱！沿路音樂放得很大聲，像海浪般，一波又一波，彷彿要將人潮吞噬似的，聽說最

森巴舞比賽的會場，每隊人馬都華麗耀眼得難以逼視。

多的遊行人數曾高達二十萬之多！

你可以在任何段落加入Bloco，你可以換上任何你想穿的衣服，你可以大喊任何你想叫的語言，你可以隨時對著隔壁不認識的人大吼，在你身邊的人可能是巴西人、西班牙人、法國人……但我們不管，在這段期間，我們都是里約人！只要盡情地狂歡就對了！

路上的人們都穿著奇裝異服，有人打扮成蜘蛛人、有人穿蜜蜂裝、有人變身白雪公主（而且還是男生！）、有人裝成賓拉登、有人模仿炸彈客，還有巴西版的「老揹少」、有人穿婚紗、有人攀在牆上跟大家揮手，有人不分男女地擁抱，極盡搞怪之能事！

有一天跟朋友出去湊熱鬧，到市區的小公園聽街頭音樂會，從坐地鐵就感受到濃厚的節慶氣氛，每個人都特別化裝打扮，奇裝異服，讓人不禁發出會心的一笑。大家都很high，還沒到會場，路邊的小樂團吸引了大家的目光，也不顧身旁車子來來去去，跟著鼓聲，扭動著身體，嘉年華會這幾天，里約街頭有無數大大小小的party，我們來的這場音樂會，主要演奏的是Samba跟Bossa Nova，我很喜歡Bossa Nova，它是源自於巴西的爵士音樂，融合了森巴的節奏跟爵士的旋律，有南美洲的熱情，並帶著一份輕鬆與慵懶，很棒！

在湛藍廣闊近乎透明的天空下，我身在異國，聽著舒服的音樂，身旁擠滿熱情的群眾，這場景讓我有一種莫名的感動！我愛嘉年華，我愛Bloco，我愛Samba，我愛Bossa Nova，但真正讓我愛上嘉年華的是「氣氛」，整個里約都充滿了狂歡的氣氛，到處都是party，讓你親身參與，這才是最棒的！

屬於里約的節奏

在里約的日子很悠閒，醒來常是中午以後了。在這裡，我覺得自己好像又變回小孩，還沒學會人造的時間規則：時鐘和日曆，星期和週末。除了最基本的日夜標示外，時間對我而言只是連續而缺乏定義的一團東西。

里約是個五彩繽紛的城市，一個接一個的海灘，就像是掛在里約這個美麗婦人脖子上的一串炫目的項鍊，散發著誘人的光彩。

街頭遊行（Bloco）是巴西嘉年華會的重頭戲之一，盛況只能以瘋狂來形容，

里約市當地一共有七十多個海灘，各有各的特色。Copacabana比較多家庭、Ipanema的9號沙灘據說是模特兒出沒的地帶、9號沙灘旁邊一塊插著彩虹旗的沙灘是同志區、Lebron跟Baja則是有錢人比較多，而其中最有名的是Copacabana跟Ipanema，旅遊書上說，要是沒有在這兩個海灘躺一下，就好像沒有到過里約一樣。

這裡的沙灘很漂亮，像半月灣，坐在那兒讓人心曠神怡，白天的海灘、黃昏的海灘、夜半的海灘，各有風情。海灘旁的小道，可騎自行車、慢跑、溜滑板、直排輪；有好聽的音樂，晴朗的天氣，狂歡的人群……我本身就喜歡海，第一天走路去海灘時，在遠處先看到一點點的沙，直到快接近時，那種莫名的愉悅，難以用筆墨形容。

我認識幾個阿根廷人，整天就是往海灘跑，在那邊躺一個下午，我剛來時還沒辦法體會，想說沙灘不就是沙

Ipanema海灘，遊客摩肩擦踵，十分擁擠。

灘嗎？不過後來我懂了，這邊的沙灘是不一樣的，柔軟的細沙，湛藍的海水，雪白的浪花，伴著濤聲，順著里約的節奏流動，這是特屬於這裡的節奏。所以後來幾天我也跟那些阿根廷人一樣，晚上到夜店或酒吧玩到早上三或四點，睡到中午，吃過午飯就到海灘，租個椅子和陽傘，攤在陽光下，任海風拂面，有時，就這樣睡著了。

里約人很幸福，在一天辛苦的工作之後，脫下西裝，換上短褲，走路五分鐘，就能到世界最棒的海灘慢跑、吹風、看日落……在這世界上，有幾個城市能實現這樣的夢想？這種城市與海岸交織的布局，讓人很容易卸下生活的種種負累，盡情享受自然的偉大贈與。

這讓我想起了一個里約的故事：

一個富翁問躺在沙灘上的流浪漢說：「你怎麼不去打魚呢？」

「為什麼要打魚？」流浪漢看了富翁一眼。

「打了魚去賣才有錢啊！」

「有錢要幹嘛呢？」

「有錢才能買很多東西啊！」

「買了很多東西能幹嘛呢？」流浪漢反問。

「等到你應有盡有的時候，就能夠跟我一樣舒舒服服地躺在這裡度假曬太陽啦！」

流浪漢懶洋洋地翻個身說：「我現在不是已經舒舒服服地躺在這裡曬太陽了嗎？」

在里約，我完全沒有預設的想法或計畫，只是自在地跟隨內在的韻律而行。我忘我地站在海灘，嗅著空氣中海水的氣味，已經忘記自己有多渴望成為浪花、微風和天空的一部分了。

蔓延山坡的野花村

Favela

里約是一個矛盾的城市，在這裡有宜人的氣候，攝人的風景，滿街的名貴跑車與紙醉金迷的揮霍生活，但一街之隔的山坡上，是一間間殘破的水泥房，難聞刺鼻的氣味，滿地的垃圾，還有貧窮、暴力與毒品，這種如同被政府遺棄的角落，存在於巴西的每個城市。

他們稱這裡叫Favela，葡萄牙文的意思是「野花」，這些違章建築在山坡上蓋得密密麻麻，猶如野花般隨處亂長，因此巴西人以「野花」來稱呼這群山坡上的貧民區。

這裡約有近九百個大大小小的貧民窟，全市有五分之一的人口住在貧民窟裡。地圖上找不到這區域，這些人是幽靈人口，政府的名冊中並沒有他們的名字；他們沒有繳稅，當然無法享受公共設施，但他們自己發展成一個自給自足的社區，有公車、水電、郵局、銀行、托兒所、學校、網咖，甚至還有武裝民兵。這些房屋沒有門牌號碼，如果你要寄信找某人，只要寫上貧民窟的名字，信就會被寄到山頂那個郵局，再透過人際網路找到收件人。這邊不受政府的管轄，是治安的死角，沒有警察，反而由黑道和幫派掌控，裡面充斥著毒品和槍枝，這些幫派全都靠販毒賺錢，幫派老大靠毒品利益致富的程度超乎想像，而且極有威嚴；幫派成員負責維護Favela的內部秩序，嚴格禁止任何偷竊、搶劫或強暴。

我們參觀的是里約最大的貧民窟Rocinha，這貧民窟內大約有二十萬人居住。下午一點多，大夥從旅館出發，搭車到達貧民窟附近的一個定點，下車後，看到一排摩托車，這是準備載我們上山的交通工具，接過安全帽，就這麼呼嘯爬坡直達山頂，騎車的正是貧民窟的青少年，這是旅行社提供給他們打工賺錢的機會。

在Favela，很多小孩在最差的學校裡受教育，往往很早就退了學。他們周圍沒有機會，也沒有就業的可能，於是，販毒、犯罪、黑幫就成了他們生活的一部分，至少依靠這些，他們能得以生存。才走一小段路，我就看到一個少年，腰間掛著一把短槍，手上拿著一把快要比他還高的長槍，才不到十六歲吧，他的眼神竟然如此的無懼。

貧民窟路邊，街坊孩童組成了臨時樂團，賺取微薄的生活費。

導遊提醒大家，這裡不能隨心所欲地自由進入，否則很危險；另外也不能亂拍照，他說能拍照的地點才可以拍；如果開車進貧民窟，「千萬要記得搖下車窗，不然他們會以為是來尋仇的，會對你的車子開槍！」

我們走在導遊指示的安全道路上，他們的住家都是沿著山坡一層一層向上堆疊且隨意搭建的房子，不時見到有房子在施工，因為人數不斷增加，貧民窟不斷地向上及向外擴建，以容納越來越多的居民；除了一條主要的馬路，住戶間互連相通是房子跟房子之間自然串連的階梯巷弄，狹窄且擁擠，大概只能容納兩個人並肩而行，兩旁堆積的建材與垃圾占據了大半空間，破爛的垃圾袋，不時飄來陣陣惡臭；雜貨店賣的則是發臭長蟲的水果，有一半甚至都壞掉了，稍微完整的外皮都皺皺的，我拿起一顆，傳來的酸味讓我皺了眉頭，心中五味雜陳。

轉個彎，看到有幾個小朋友搬了水桶，坐在路邊，一見到我們走來，趕快跑回自己的「樂器」前面，有模有樣地敲打起來，旁邊幾個小妹妹，跟著節奏扭來扭去。說真的，跳的舞實在不算好，但他們還是非常努力地，快樂地跳著。他們充滿生命力地舞動四肢，笑容是那樣的燦爛。我的心情很矛盾，對他們來說，這是賺取微薄生活費的方式吧，明明是很無奈的，為什麼他們還是這麼快樂呢？

表演結束了，一個小女孩拿出桶子，我把口袋中所有的銅板都投了進去。

曾有人說：「當荷蘭小孩在鬱金香裡翻滾玩耍，里約流浪兒卻在翻滾躲避子彈。」貧民窟的小孩們沒有錢可以上學，沒有好的榜樣可以學習，從小看到的就是打打殺殺，逞兇鬥狠，縱使日子過得很辛苦，但他們並沒有喪志，小朋友靦腆的笑容中還是帶著希望。導遊說，他們都期望早日脫離貧民窟的生活，把唯一的翻身機會寄託在足球上，閒暇時認真踢球，期待有朝一日成為明星。事實上，不少足球明星出身於貧民窟，一旦躋身職業球隊，身價立刻飆漲。「足球夢」鼓舞貧民窟的少年們追求夢想，連導遊本身都不例外，但，真正能成功的有幾個呢？

夜探貧民窟

三天後的一個傍晚，跟往常一樣，剛從海灘回來的我，在青年旅館的院子裡喝著飲料，安東尼奧（Antonio）忽然問我：「我要回家拿東西，要不要跟我一起去晃一晃？」

安東尼奧與他的家人，給予我溫暖無私的招待。

安東尼奧不到二十歲，曾在餐廳當服務生，目前待業中。他的女朋友是青年旅館吧台的調酒師，他常到旅館找她，我跟他有過幾面之緣。

這麼算來我認識安東尼奧才一個禮拜而已，就這樣跟他去貧民窟，到底安不安全？其實我心裡也有點害怕，但我又覺得這是一個難得的機會，一般人哪有機會去參觀夜晚的貧民窟呢？尤其是跟他相處的這幾天，他讓我覺得他是一個善良的人。記得有一天去拉帕區，安東尼奧一路帶領大家走安全的路，要我們走前面，而他在後面守護；經過人多的地方，他會提高聲調要大家注意錢包；由於在地人的關係，他知道哪些地方好玩、哪些地方危險不要去、哪些地方容易被扒……累積了這些日子的相處，我覺得他是一個可以信任的人。

「走！」我們攀著肩一起走。

不過，我不會講葡萄牙語，而他不會講英文，去他家的

在Favela的角落，看見最燦爛無憂的笑容。

路上，我們的溝通都是用對方熟悉的幾個關鍵字加上比手畫腳，彼此都在猜測對方的意思；但我可以從他臉上的表情和肢體語言感受到他的善意。

他住的貧民窟離旅館很近，走路大概十分鐘而已。但要穿過一條隧道，隧道奇臭無比，到處是垃圾，隨時有人大小便，空氣充斥著排泄物的味道；我覺得很恐怖，心跳也跟著加速。

過了隧道，往上爬坡，上山的窄小階梯兩旁不時有人吹口哨叫我過去，感覺不懷好意。我不理他們，只顧著低頭往上爬，爬得滿身是汗。

爬上樓梯左轉，就看見一個人手上拿著槍，我瞄了一眼就不敢再看，眼睛盯著前方，趕緊跟上安東尼奧的腳步，不敢離他太遠，深怕跟丟了會迷失在夜晚的貧民窟裡。

走上一段尚未整修完成的水泥階梯之後，二樓是他阿姨的家。順著安東尼奧的腳步走進門，第一眼著實讓我嚇了一跳，很乾淨嘛！整齊排放的桌椅家具，跟灰色水泥外牆有很大的差別，比我想像的貧民窟舒服多了；原來他阿姨的家境在貧民窟算是中上的，家裡還有電腦。

阿姨很親切地跟我打招呼，當時她正在上網玩orkut（巴西最大的社交網站，類似facebook），雖然語言不通，但阿姨利用翻譯軟體把想說的話譯成英文，我也寫下英文，透過軟體翻譯成葡萄牙文，居然就這樣聊起天來了。

安東尼奧來這兒只是打招呼，接著我們沿窄小陡峭的階梯往上走，再爬一段路，就抵達安東尼奧家。他家比阿姨家小且格局不規則，不過麻雀雖小，五臟俱全，有客廳、廚房，還有兩間臥室。家中並沒有太大的空間，幾乎得要肩並肩擦身而過。

安東尼奧跟他弟弟睡一間，房間裡面有書桌跟稍大的單人床，除此之外沒有多餘的空間；他妹妹跟爸媽睡另一間臥室，大大的雙人床上丟著幾件T恤，臥室的窗口正好對著海灘，視野很棒。遠方駛來的遊輪，以及星光點點，將貧民窟的夜景點綴成美麗的海景，即便住在貧民窟，但這片夜景跟海邊的豪華飯店相比，給人同等的享受。

他的家人很親切，不會因為語言不通而逃避我的善意，反而報以更溫暖的微笑。我坐在沙發上跟他們比手畫腳，喝著他們請的可樂，還拿著相機，喜孜孜地叫他們跟我一起自拍入鏡，我試著留住他們的笑容，那是不放棄希望的笑容。

回家的路上，我抬頭望著天空，糾纏在一起的雜亂天線與後面閃亮的星星，形成強烈的對比；就好像山坡上的貧民窟，跟有錢人住的華廈，只隔著一條馬路。巴西就是這樣一個矛盾的社會，富人與窮人過著完全不同的生活，有人揮霍無度，有人三餐不繼，但卻能同樣在五分鐘的路程，享受到全世界最棒的海灘。

不平等的社會中，仍有一些美好的事物，是所有人都能共享的。

山坡上的野花村，外觀雜亂無章，裡頭卻住著一個又一個小小的夢想。

里約人有夢想，卻不過分執著，他們在狂歡時會果斷地拋棄所有的煩惱；在貧苦時也未曾忘記憧憬生活。面對熱情的陽光、寬闊的海跟秀美的山，他們無時無刻，都覺得生活是如此的美好。

拿著刀的男人

這天晚上，我參加完Bloco，獨自搭乘公車回旅館。下車的公車站牌離青年旅館約十五分鐘的步程，是一條大馬路，所以儘管治安不好，但我並不害怕獨行。

走沒多久，突然有個二十出頭的黑人不知道從哪裡冒出來，問我：「現在幾點？」

「現在？九點多接近十點。」我看了一下手機。

「謝謝。」他聽完就離開了。

過了三分鐘，這個黑人再度出現。

我覺得奇怪，看了他一眼，想不到他竟然搶到面前擋住我的去路，亮出預藏的尖刀，頂住我的腹部！

「給我你的錢！」他用英文急促地說，眼神凶狠得像是隨時可以把人的生命終結。

看到頂著我腹部的藍波刀，我嚇了一大跳，心臟瞬間震顫，這是我第一次遇到這樣的情況！我腦中一片空白，手足無措。

「我給你錢，你不要亂來，ＯＫ？」我緊盯著他的每一個動作，以防他再次無預警的突擊。

「快！」冷冽的尖刀往前移動了幾公分，刀尖與我只隔著一件隨風飄動的Ｔ恤。

「好！好！我給你！」我不假思索地伸進口袋，抓出一把鈔票跟零錢，散亂地丟進他的手掌中。他輕蔑地看了一眼，皺著眉頭，把那一把錢放進自己的口袋後，竟直接伸手進我褲袋！

他右手握著的利刃仍然無情地緊抵著我的腹部，左手則在我的左右邊口袋粗魯地翻找著！最後他挑起我右口袋的手機掉頭就走，臨走前還回頭惡狠狠地瞪了我一眼！

我驚魂未定，眼睜睜看著才剛買的手機就這樣沒了，既驚嚇又生氣，我全身發抖，站在原地，不明白怎麼這樣的事會發生在我身上！

我看看周圍，其實三公尺外就有個人坐在路邊，但他完全無動於衷！為什麼不幫

在巴西，不單是外國人，本地人也幾乎都有遭遇搶劫的經驗。

忙？我有點生氣地看著他！他對著我搖搖頭，做出一個無可奈何的表情，我這才體會到，在里約碰到這種事是沒有人會幫你的，或許也是司空見慣了吧！我當下雖然恐懼，但過一會兒就鎮定下來，頻頻安慰自己，重點是命還在，相機沒被搶走算是幸運，其他的就不重要了。

我回到旅館，馬上跟一些朋友講這件事，他們大嘆搶劫猖狂，並細數這幾天青年旅館背包客被搶的案例，我算是第四個了：記得三天前在拉帕區，我才親眼看到朋友在我面前被硬生生直接拔走項鍊；另外有一對情侶，晚上在沙灘上散步時被搶；前幾天在里約甚至有青年旅館在大白天被歹徒持槍搶劫，想不到今天竟然會輪到我。旅館的員工跟我說，巴西的治安很差，不單單是外國人，就連本地人也一樣，他就有朋友在開車時，被搶匪強行上了車，拿槍抵著他，搶走了所有的財物，洗劫完下車前還開槍射破玻璃，行徑非常囂張。

「人家說，來到巴西，你要隨時在身上準備一些零錢給人家搶，不然他們可能會對你不利。」麥克跟我說。

「我知道啊，我有準備，只是他覺得那些錢不夠，才會又把我的手機搶走，唉！」

我問當地人被搶怎麼辦？他們說里約有個警察局專門處理相關案件，離青年旅館約二十分鐘的車程。我按圖索驥，直接去報警。

警察局是一棟很現代化的兩層樓建築物，外觀上刻有DEAT（Delegacia Especial de Apoio ao Turismo），是專門為旅客服務的警察局，在里約竟然有專門為觀光客設立的警察局，案件之多不難想像。

我先到一樓挑高大廳的「報案櫃台」報到，一進去就看到長椅上坐了一排等著報案的人，大家你看我、我看你，無言以對，我想他們應該也很無奈吧。

輪到我時，值班的警察要我先寫下姓名、護照號碼等個人基本資料，然後問：發生什麼事？在什麼地方？被搶走什麼？我一邊說，他一邊把資料輸入電腦，接著引領我到櫃台後面的一個大辦公區，裡面有三張桌子，各坐著一位警察詢問案情。我在其中一張桌子坐下，鉅細靡遺地描述昨晚發生的事，「喔……嗯……嗯……」他一副心不在焉、事不關己的樣子。聽我說完後，他起身從旁邊的書架上搬出三大本通緝犯的清冊，用很破的英文問我：「你還記得搶匪的長相嗎？像其中哪一個？」他一頁一頁翻，每一頁有二十幾張通緝犯的照片，我認真地看了一下，覺得每個人都長得好像，我指了一個我覺得最像搶匪的，「喔，好，那你可以離開了。」警察好像巴不得我趕

在專為遊客所設置的警察局裡，每天都有數不清的新案件。

快走，到底有沒有做紀錄我也不知道。

回到旅館後，麥克問我，「你明明知道去報案不會有結果，為什麼還浪費時間跑去呢？」我說，被搶後的第一個念頭就是報警，即便東西不可能拿回來，但我對任何事情都充滿好奇，想看看警察局長得什麼樣？想知道警察會怎麼處理？「應該很少人像我一樣，有這種在巴西報案的經驗吧？」這也是旅行體驗的一部分啊！

巴西之旅結束後，下一站的阿根廷，探戈優美華麗的舞步正等待著我。

變魔術換住宿

晶雅

天下沒有不散的筵席，里約十三天的狂歡旅程就要接近尾聲了。麥克跟我同一天離開旅館，搭一早的飛機回紐約，而我則是坐晚上的夜車回聖保羅。在這幾天的狂歡之後忽然回到一個人，寂寞的感覺重重襲來。

回到聖保羅已是清晨。天剛亮，聖保羅正在甦醒中。我們駛過幾棟古老建築，石塊砌成的外觀在朝陽之中染上一層淡淡的玫瑰紅。

第一站先到阿根廷辦事處，去拿我的阿根廷簽證，但因為不知道到底會不會通過，所以心情有點緊張，忐忑不安的我，猶如在法庭等著法官宣判，有沒有這張簽證可是事關重大，因為它決定了我接下來半個月的行程。還好，笑臉迎人的工作人員帶來了好消息，我如願拿到阿根廷的簽證了！這表示我的阿根廷跟南極行程有望了，真是謝天謝地！我趕快到晶雅的辦公室告訴她這項消息。雖然我跟晶雅認識不久，但透過幾次的email往來，感覺已經像朋友了。

回想起在里約的第三天，我意外接到晶雅的電話，她說：「你都沒打電話回家喔，你爸媽很擔心，你有空趕快打回去。」那幾天每天日夜顛倒，再加上跟台灣的時差，根本沒機會跟家人聯絡。但為什麼我媽會打電話給晶雅呢？她們完全不認識啊。

原來是因為我把第一天在聖保羅遇到晶雅的事寫在部落格，我媽看到後猜想晶雅應該跟我有聯繫，於是上網找到台灣駐聖保羅辦事處的聯絡方式，晶雅同為人母，非常能體諒媽媽擔心兒子的心情，就打了個電話跟我叮嚀一聲。

就在我抵達里約的幾天後，發生一件震驚巴西社會的搶案，有群搶匪在大白天持槍衝進青年旅館洗劫財物。因為我也住青年旅館，晶雅聽到這則新聞很擔心，當天就寫了一封email問我的近況。收到晶雅的信，相當驚訝，畢竟我們只有一面之緣，這樣的問候讓我覺得好窩心。信中晶雅邀請我到她家用餐及住宿，順便介紹我認識一些聖保羅的好朋友。

在里約，生活就是party，party就是生活，一切是如此隨心所欲，自然而然。

我這次出國前就有個心願，希望在每一個國家，都能夠有機會到當地人家裡住宿或吃飯，體驗在地生活，瞭解每一個國家文化的差異。我考慮了幾秒，決定取消預訂的旅館，到晶雅家參觀一下！

聖保羅的台灣味

晶雅下班後直接帶我去她妹妹家吃晚飯。我們抵達時，其他人都已經到齊了，那天算是他們的家庭聚會，晶雅、晶雅先生、兩個小孩、晶雅的妹妹、妹夫還有幾個朋友，大約十人。桌上的餐點很「台灣味」，有肉粽、涼麵、水餃、小籠包、滷肉、炒青菜，還有蘋果西打跟舒跑！

這些東西對於住在台灣的我們來說，可能算不上什麼高級料理，但我曾經在非洲住過將近一年的時間，相當知道這些在台灣隨處可吃的食物，對在國外生活的台灣人來說，可是山珍海味呢！桌上這些餐點，可算是招待貴賓的等級了。

晶雅的朋友說：「不應該準備這些好東西的啦，他剛從台灣來，恐怕一點都不稀罕呢！」

「哪會，我超稀罕的！很謝謝你們為了我準備這麼棒的菜餚。」我說。

「哎呀，他們就是愛開玩笑啦，你聽聽就好，不要放在心上。」晶雅趕緊跟我解釋。晚餐就在你一言我一語、你虧我我虧你的過程中，愉快地進行著。

酒足飯飽，我想拍張照片作紀念，「來來來，我們來照張相。」

「哎呀，不要啦。」

「沒有化妝不好看啦。」

大家都很害羞，不願出示真面貌，所以當我按下快門時，有人用手擋鏡頭、有人用飯碗遮臉、有人撇頭，根本看不出誰是誰，整張照片好像《壹周刊》的封面照，還以為是哪個明星吃飯被狗仔隊拍到，笑果十足！

人家對我這麼好，請我吃飯，還讓我借宿，讓我在地球的另一端，有了家的感覺。我說：「來到你們家打擾，很不好意思，我想奉獻一點東西當房租和餐費，不然，就變魔術給你們看好了！」

「我要看魔術！我要看魔術！」小孩們開心地大叫。

「好啊，首先我要跟你們借一張鈔票。」

「才不要借你，你是魔術師，變不見怎麼辦？」全場大笑。

「哈，不會啦，我會還給你，而且會『完整』地還給你。」我偷偷挑了個眉。

「來來來，我相信你，借你一張鈔票。」晶雅的先生吉米大力贊助。

我接過五十元的鈔票，「這是我剛剛跟你們借的，一張普通的鈔票，大家看好喔！」

我拿起桌上的原子筆，「唰」的一聲，在眾目睽睽之下，把五十元鈔票戳破！

「開玩笑的吧！」吉米驚訝地跑過來看，其他人也說不出話來。

「別緊張，我是魔術師。」我把筆拔出來，左手大拇指跟食指從鈔票兩面捏住那個破洞，輕輕搓兩下，「千萬不要眨眼，」我吹一口氣，緩緩地把手指移開，剛剛的破洞竟然合起來了！我把鈔票還給吉米，「我說過我會『完整』地還給你吧！」其他人都跑過來摸那張鈔票，「真的沒有破洞耶！」「到底怎麼做的啊？」他們看得目瞪口呆，驚呼連連，個個流露出不可思議的眼神。

「好，你通過考驗了，可以住在我們家了！」晶雅打趣地說。

「謝主隆恩！」我假裝拍拍袖子，大家都笑了！

家，在地球另一端

晶雅住的是三房兩廳的公寓，不大不小的空間，窗明几淨。隔天一大早，我跟吉米特別爬起來看「世界棒球經典賽」的實況轉播，中華隊對決宿敵南韓隊，這可是棒球迷最愛看的戲碼啊！在巴西的土地上看到中華隊的球衣，真的是讓人熱血沸騰！可惜那場比賽中華隊一路被壓著打，最後落敗，雖然結果不盡如人意，但能在巴西聖保羅替中華隊加油，也算是個難得的經驗！

除了逛聖保羅，晶雅還帶我去吃世界著名的「巴西窯烤」。那是一間吃到飽的餐廳。當你坐定了，服務生會先來一份「墨西哥餃（Empanada）」當開胃菜，這種風靡整個南美洲的炸水餃，口味豐富，內餡有香蕉、香菇、巧克力、雞肉、牛肉、魚肉、蝦仁、蟹肉、起司……應有盡有，今天餐廳準備的是牛肉口味，好好吃，吃了整個食慾大開！接著服務生會發給你一張圓形紙卡，一面是紅色，表示「對不起，不要吃」；一面是綠色，表示「好，我要吃」。

餐廳中庭有自行取用的沙拉吧，備有點心跟新鮮蔬菜，去油解膩，而肉類的上法很特殊，在餐廳內有穿著正式的服務生來回走動，手上拿著一根長長的鐵叉，叉著一塊塊香味四溢、汁液橫流的肉排，每個服務生負責不同的肉品，有牛排、豬排、羊排等，他們會一桌一桌觀察，如果他們看到你的牌子是在綠色那一面，他們就會拿著大鐵叉過來，削一片放在你的盤子，但如果你吃飽了，想稍微休息一下，就把牌子翻到紅色那一面，服務生就不會過來，很有趣的點餐法。

我永遠也忘不了第一口咬下那塊牛肉的口感，天啊！這……這……這真是太黯然，太銷魂了！又香、又油，又滑嫩！入口即化，鹹淡適中的調味，肉的鮮味就這樣在舌尖上散開，我彷佛在牛肉上翻滾著大喊：「我怕我以後再也吃不到怎麼辦！」肉的料理方式是用烤的，只撒粗鹽，吃到的都是肉的原味，正是我最愛吃的方式！那滑嫩的口感至今還不時在我嘴裡迴盪。之前聽人家說，到巴西一定要吃「巴西窯烤」，吃完保證你上癮，真是所言不假，我已經上癮了！

伊瓜蘇瀑布

離開晶雅家，我從聖保羅搭夜間巴士南下，抵達巴西的伊瓜蘇市（Foz do Iguaçu）時，將近早上八點。

魔鬼的咽喉

伊瓜蘇瀑布（Iguaçu Falls）是世界最寬的瀑布，由近三百個大大小小的瀑布組成。在印地安土語中，Iguaçu是「大水」的意思，幾萬噸的水有如萬馬奔騰般直瀉而下，澎湃壯觀。瀑布位於巴西、阿根廷、巴拉圭三國交界，大部分的人都是從巴西跟阿根廷這兩個國家進去，巴西側的瀑布群占地小而集中，層層疊疊，由這一側主要是看伊瓜蘇瀑布的遠景和全貌；阿根廷側則可近距離感受「魔鬼的咽喉（Devil's Throat）」

的衝擊，兩邊都很值得一看。我的行程安排是巴西玩半天，阿根廷玩一天，以體驗不同的感覺。

伊瓜蘇瀑布在巴西境內的入口處，修建得整潔漂亮，鮮豔色系的圍牆跟周圍墨綠的灌木叢相映成趣，充滿熱情奔放的南美風情。入口處距離瀑布有十一公里，有遊園巴士把我們送到步道入口。甫下巴士，眼前是一片樹林，喧囂的濤聲穿過綠葉而來，我情不自禁地加快腳步。穿過樹林後，眼前豁然開朗，「哇……」對面一排綿延數百公尺的瀑布群，猶如層層的白紗，交錯在綠色的畫布之間，「好美的一幅畫啊……真是太美了……」

我沿著蜿蜒的羊腸小徑行進，透過稀疏的枝葉，可以清楚看到對岸山坡上一條條寬窄不同的白色瀑布成排而列，形狀各異。

邊走邊拍照，約一個小時後，來到了步道的盡頭，沿著山坡而下，接上一座石板小橋，清澈但湍急的河水穿過腳下，聽說雨季的時候會把這座小橋整個淹沒。石板橋引導人們來到峽谷中央，橋的頂端正對著的就是最有名的「魔鬼的咽喉」，整段瀑布非常險峻，環繞著一個馬蹄形峽谷，彎曲的樣子像個咽喉，想要穿越它猶如與魔鬼打交道般，「魔鬼的咽喉」因此得名。「魔鬼的咽喉」有高達八十公尺的落差，周圍不斷傳來震耳欲聾的轟轟巨響，幾公里外都能聽見，我置身於三面瀑布的包圍之中，望著眼前罕世的美景，張大了嘴，怔怔地看著它，說不出半句話，這就是世界三大瀑布之一啊！

從河中步道往回走，還有一座觀景台，我坐電梯上去，居高臨下，整個瀑布盡收眼底，有另一種不同的感受。其實巴西的伊瓜蘇國家公園不大，只有一條步道，走一圈只要兩、三個小時，就能看完大部分的景點；雖然景點少，但景色相當棒，讓人流連忘返。我站在觀景台上，看著眼前排山倒海般傾瀉而下的瀑布，感嘆大自然的威力，看著看著出了神，駐足好久，仍捨不得離去。

近距離的震撼

結束「巴西邊」半日遊，我搭車到阿根廷，今晚預定要在阿根廷伊瓜蘇瀑布旁的小鎮伊瓜蘇港（Puerto Iguazú）過夜。跟巴西伊瓜蘇市先進的市容不同，阿根廷的伊瓜蘇港看起來就像是一個樸實的大村莊。雖然是看同一個瀑布的另一邊，但從巴西到阿根廷，實際上是跨越另一個國家，所以巴士經過時有個類似海關的哨站，工作人員要檢查旅客護照與簽證，不過兩者之間的車程很短，不到一個小時。我覺得如果時間允許，不妨同時安排到兩個國家參觀；如果只能擇一，我覺得阿根廷的伊瓜蘇比較好玩，最美的風景也在此。

伊瓜蘇瀑布有百分之七十五在阿根廷境內，比起巴西，這裡的景色豐富多樣，可近距離感受各種角度的風貌，有溫柔的、婉約的，也有雄壯的……各具特色，但最有看頭的當然還是「魔鬼的咽喉」，跟在巴西時遠距離觀賞的感覺很不一樣，在阿根廷這邊，可以相當近距離地感受魔鬼咽喉的威力，水流快速流過你的腳下，除了震撼之外，更讓人發自內心地害怕。

入園後有兩條主要的步道，還有觀景小火車，一般人在去程和回程中會挑一段搭小火車，可以先搭火車到終點站，看完魔鬼的咽喉，再慢慢走回來；也可以慢慢走過去，再搭小火車回來。我是選擇去程搭，因為想趕快到，否則晚一點會擠滿了人，找不到好的位置看瀑布；回程再漫遊步道，順便欣賞風景。

小火車抵達終點站後，再走一小段就是魔鬼的咽喉了，步道旁有烏龜及鱷魚等動物，列隊歡迎你來到世界最知名的瀑布，當你一步一步接近，連瀑布的水花都還沒看見，巨大轟鳴聲卻已經撲面而來，那巨大的聲響會直接穿透耳膜，擊打你的聽覺神經，用高振幅的音波包圍你的全身！再來是水氣，瀑布撞擊河床反彈的水珠，布滿天空，隨即再落下，會把人淋個全濕，濕漉漉的衣服是參觀伊瓜蘇的基本配備。

隨著瀑布的聲音越來越大，水氣越來越濃，終於，「魔鬼的咽喉」出現在我眼前！原本寬闊平整的伊瓜蘇河流到這裡時，隨著馬蹄形凹陷的河床，在一個橫切面同時轉彎，彷彿被大自然的力量突然擲入深淵，憤怒地咆哮著奔騰而下，一瞬間被摔得粉碎！昨天在巴西的伊瓜蘇國家公園，我是從谷底抬頭仰望，而今天阿根廷的步道則把我帶到了魔鬼咽喉的上方，站在高處俯瞰，這河水在我面前不到一公尺的距離鋪天蓋地地呼嘯而下，衝擊水面所製造出的巨大聲響有如千軍萬馬，聲勢驚人，隨著激流衝擊岩石，節奏強而有力，那震撼的感覺到現在還記憶猶新！

看完魔鬼的咽喉後，我沿著步道往回走，阿根廷的伊瓜蘇國家公園中，有規畫周詳的上下層步道供遊客選擇，我先走上方步道（Upper Trail），上方步道沿著瀑布的上緣修建，與巴西側的步道，隔著峽谷遙遙相對；而下方步道（Lower Trail）則是沿著第一級與第二級瀑布之間修築，穿梭在近百道大小瀑布之間。

下方步道的尾端有一條供遊客近距離體驗的觀瀑橋，橋從岸邊伸出來蜿蜒到第二級

瀑布的頂端，最近處離瀑布宣洩而下的水牆只有幾公尺的距離；當瀑布從懸崖峭壁上突然墜落時，幾百條的支流從天而降，形成了壯觀的瀑布錬，那迷濛的水霧在陽光的照耀下，演變成七彩繽紛的彩虹，彩虹跨在瀑布中，水流隨著強勁的風撲來，撞得彩虹也跟著不停地變化，人置身霧中，如夢如幻。

沿著下方步道往下，有免費的渡船，可以載你到位於峽谷中央的聖馬丁島，島上設有步道可以觀賞瀑布。但聖馬丁島上最酷的玩法不是看瀑布，而是——在伊瓜蘇瀑

從阿根廷側看伊瓜蘇瀑布的壯麗景致。

布裡游泳！這超酷的吧！在島上有規畫一處戲水區，任何人都可以在那邊游泳戲水。不過，說真的，在峽谷裡游泳，並沒有想像中的過癮，因為水很淺，充其量只能算是「泡泡水」而已，可是，能夠躺在水裡面，從另一個角度來欣賞世界奇景，也是相當難得且新鮮的體驗！

從聖馬丁島搭船回到下方步道後，接下來就是另一個重頭戲——穿越魔鬼咽喉。我們搭乘遊船，緩緩地「駛進」瀑布，我穿上救生衣，盡情感受超強的瀑布水柱打在身上的感覺，好過癮！船在瀑布底下走，穿梭於瀑布激起的千堆萬陣的水花與水氣之間，好像置身於一場大雨，浪花衝擊著船身，水花有如狂風暴雨般拍打在臉上，聲音在這裡消失了，只聽見自己加速的心跳聲，被瀑布包圍著的我們，好像來到了另一個世界，只屬於自己的世界。

阿根廷著名文學家波赫士（Jorge Luis Borges）是這麼形容它的：「這個瀑布的優美、壯觀，無法用筆寫出來、畫出來，更無法攝影，唯一的體驗方法就是親自來看。」的確如此！

Chapter2

阿根廷

美好的空氣

鄉民的力量

這一趟行程預計十八個小時，我的下一站，是阿根廷的首都——布宜諾斯艾利斯。窗外的風景不時更替，巴士行經河谷，有時夾在兩座山脊之間；天亮了，窗外是不斷向後的大樓，天黑了，一切都消失了……這時刺眼的陽光喚醒我，終於抵達布宜諾斯艾利斯。

布宜諾斯艾利斯的西班牙文叫Buenos Aires，翻譯過來是「美好的空氣」之意。這名字相當貼切，我很喜歡這個城市，空氣中瀰漫著美妙的氣息。

我到阿根廷首都的第一件事，就是去找辦理簽證時當我保證人的林先生。眾所周知，阿根廷的簽證非常難辦，除了密密麻麻的表格需要填寫之外，竟然還要當地居民當保證人（註：現已取消），不僅如此，還必須提供保人的身分證字號、電話、住址……等，以方便他們隨時求證，這點真的很誇張，我在台灣耶，要從哪裡找到阿根廷居民當保證人呢？好在我媽媽神通廣大，想起了她二十幾年前工作時的老闆，現在好像移民到阿根廷了，便透過以前的老同事幫忙，克服層層難關，終於找到他的電話；不過他們已經二十多年沒有聯絡，實際上是在有點難為情的情況下請託成功的。

這次多虧他的幫忙，我才有機會踏上阿根廷的土地，一定要特地登門道謝才行。林先生在當地開雜貨店，有點嚴肅的他，還帶我到他開的雜貨店參觀。這趟旅行中，我發現很多移居到南美洲的華人，都以開雜貨店為生，我問他為什麼？他說，開雜貨店是最不需要語言的工作，只需要具備基本溝通能力就可以；另外，開自助洗衣店的華人也很多，也是同樣的道理。

跟林先生道謝後，我來到住宿的青年旅館。這是一棟老舊的公寓，一樓是餐廳，旅館的位置在二到四樓，二樓有櫃台、交誼廳、小酒吧、撞球檯，幾張小桌子和陽台，三、四樓供住宿。

第一天的下午，我在交誼廳使用無線網路時，發現隔壁桌有一名黃種人也正在上網，我有點好奇，心裡不斷猜測他到底是台灣人、日本人還是韓國人？我們互看了對方一眼，我想他心裡一定也在猜測我的國籍，但看了那一眼之後，彼此都沒有下一個動作，氣氛一度凝結，好像兩個殺手對峙，雙方屏住呼吸，等待最佳的出手時機……是誰要先出招？

時間一分一秒過去，我們繼續埋首於電腦中，空氣中瀰漫著靜肅的氣氛，連自己的呼吸聲都聽得到……五分鐘後，我實在忍不住了，故意走到他後面，想偷瞄他在上什麼網站，想不到，看到了一個震驚又熟悉的畫面——PTT！

原來他在上PTT！天啊！鄉民的力量真是無遠弗屆！台灣人在國外就是靠這個相認了啦！

他的英文名字叫Andrew（安德魯），常出國自助旅行，行程安排也跟我一樣隨興，所以我們決定這幾天一起行動。

南美小巴黎

布宜諾斯艾利斯有很多著名的景點，而Recoleta墓園則是幾乎所有觀光客都會去的地方。

墓園位於Recoleta區，這是布宜諾斯艾利斯的高級住宅區，不時可以看到許多豪門巨宅；此處也是全布城最時尚的地區，藝術館、博物館、精品店、咖啡館、公園、花店散布其中。時值三月秋高氣爽之際，走在該區散步，可以安靜地享受徐風輕拂的時光，陽光和煦，綠意盎然，如果是情侶，更可以感受到悠閒浪漫的氣息！

墓園的建築與市區大樓並排，外觀上很氣派，不仔細看，還看

遊客如織的Recoleta墓園。

不出是墓園呢！從大門走進去，大大小小的墳墓，有的精雕細琢，有的富麗堂皇，大處看像豪宅，小處看像精品店。它之所以出名，是這邊葬了許多歷史名人及達官顯要，最具爭議的阿根廷之母「艾薇塔」的墓也在此，常有很多人到這裡獻花致意，間接成了重要的觀光景點。

我們離開墓園，穿過Recoleta區的高級住宅時，看到了特殊且罕見的街景——遛狗人。我們駐足停留，路過的人說，這是因為有錢人忙著工作無暇照顧寵物，才衍生出如此新興的行業。只見年輕的遛狗女子穿著花俏時裝，手拎著報紙、塑膠袋、狗糧、水等用品，悠閒地從草坪那端走過來，似乎很享受這份愜意的工作。我和安德魯嘖嘖稱奇，他忙著數有幾條狗，我則趕快拿出相機拍照，「一共有八條耶！」這畫面看在台灣愛狗人眼裡，一定也覺得不可思議吧！

另一個觀光景點是La Boca，Boca在西班牙文是「嘴巴」的意思，這港口也是歐洲最早移民南美洲的入口。窮困的移民人口在港口附近蓋鐵皮屋作為住所，並以漆船漆剩的油漆來塗外牆，但常常刷到一半就整桶用盡，只好拿其他的顏色來繼續漆，造就了七彩鐵皮屋的獨特景觀，如今反而變成當地的一種特色。

其中最漂亮的Caminito街儼然成為La Boca區的地標，一眼望去都是彩色的建築，繽紛亮麗。Caminito街最著名的，就是一棟扁扁長長、以V字形向兩邊擴展為兩條街的樓房。兩旁有小酒館與餐廳，街道上很多賣藝品的人，門口也有探戈女郎跟手風琴手在表演，只要付一點小費，你就可以戴上紳士帽，摟著性感女郎合照，擺出專業的探戈舞姿，變身La Boca的舞王。

有人稱布宜諾斯艾利斯為南美洲的小巴黎，漫步在林蔭大道時，會讓你誤以為是在巴黎的香榭大道，我覺得它是融合南美洲熱情和歐洲優雅的城市。

我沿著迷人的街道漫遊，偷懶也好，冒險也好，我把自己完全敞開，心眼忙著梭巡，把這美麗的城市盡收眼底，大口地呼吸著這南美洲美好的空氣。

阿根廷特產

一天一牛排

旅遊書上寫道，「來阿根廷除了做城市觀光，千萬別忘了吃厚厚的牛排。」我本來就愛吃牛排，尤其愛吃「炭烤」牛排，恰巧南美洲的牛排就是這種炭烤式的——有點焦焦的外皮，撒上一撮海鹽提味，一口咬下去，包覆舌尖的滿是牛肉的鮮味與甜味，就是這麼純粹、這麼美味，這麼好吃！所以我偷偷地訂下一個目標：在布宜諾斯艾利斯的五天，每天都要吃到牛排！

當我把這「目標」告訴安德魯，他說：「這樣的吃法對背包客很傷耶！」「但這裡是阿根廷，在這裡不吃，什麼時候吃？就算得把別的錢省下來，牛排也是一定要吃的呀！」

我在阿根廷的第一客牛排是在拜訪林先生之後吃的。牛排加上炸薯條，分量十足，多到我竟然吃不完；重點是要價才五十二披索，約新台幣三百元，真是太划算了。在台灣，這麼厚又大塊的牛排絕對不止這價錢。

阿根廷的牛肉舉世聞名，牛肉出口量居世界前三名，這裡地大、草多，牛養得肥嘟嘟的，肉很甜，價錢便宜；曾經有研究報告指出，一個阿根廷人一年平均要吃七十公斤的牛肉，排名世界第一。

阿根廷人吃牛排很專業，牛的各個部位做出來的牛排，口味各有差異。我在當地最喜歡吃牛的兩個部位：一是上牛腰肉（Bife de Chorizo），這種牛排旁邊有一層油，吃時要切下一半油一半肉，一入口，牛肉融化在嘴裡，很讚！另一種是嫩牛腰肉（Bife de Lomo），屬於牛的上臀肉，肉質很嫩，若加上黃芥末醬，味道更好。這兩種牛肉同樣都好吃到不行，但如果硬要我選一種，我更喜歡上牛腰肉，它有油有筋，烤得軟硬適中，出外旅遊能吃到這種滋滋作響的鮮嫩牛排，真是人間享受。

真正屬於阿根廷本土的東西不多，可是極少數幾樣卻是全世界獨有的，除了牛排，就是探戈。

浪漫奔放之舞

探戈起源於阿根廷的早期移民，他們做完工，沒有別的消遣，便會在酒吧、妓院等處聚集，一起唱歌、跳舞，「探戈」就是在這樣的環境中所發展出來的一種舞蹈。探戈的歌詞通常描寫他們在移民的艱苦日子裡，對生活的傾訴、幻想、希望、愛情，也唱出他們在異鄉孤獨的心聲。

探戈原本是中下階層跳的舞，隨著時代演變，慢慢變成上流社會的交際舞。阿根廷有不少探戈補習班，類似台灣的舞蹈教室，很多人到阿根廷旅行都會特地去參加當地短期的舞蹈課，以便學習最正統的探戈舞步。

《寂寞星球》特別推薦一家看探戈秀的經典老店Café Tortoni。網路上的資訊顯示這是咖啡廳界的「勞斯萊斯」，我滿心期待地照著書上的地址找到該店，果然大排長龍，一副名店架式，我趕緊問服務生如何買票進場，「不好意思，我們採預約制，今天已經沒位置了，可能要請你改天再過來。」什麼?世界上最遠的距離就是「明明你就在眼前，卻只能轉身離去」，人生最慘，莫過於此啊!

可是我今天一定得看到，不然就沒機會了，只好跑去售票處那邊「盧」一下，「不好意思，我從很遠的地方來，台灣，你們聽過嗎？很漂亮的地方喔！」先跟他們「搏感情」試試。

他回了我一個專業的微笑，果然是服務業，看來好像沒什麼效；於是我再加重火力：「這次到這邊來，坐了好久的飛機，大家都說，到布宜諾斯艾利斯一定要來這邊看表演，不然就枉費這段旅程了。」我極盡吹捧之能事，這句話似乎說到他的心坎上，他眉毛挑了一下。「可惜我明天就要離開了，如果今天看不到，我一定會帶著遺憾回家，下一次來這邊不知道是何時，說不定一輩子都沒機會看到了……」我咬著嘴角，眼睛看著地上，裝模作樣地試著擠出幾滴眼淚。

服務生也是有血有淚的好男兒，聽了我的遭遇後，似乎讓他回想起當初離鄉背井來首都打工的心情。他大力地跟我點了個頭，轉過身，就進去表演廳查看是否有多餘的座位。

表演廳裡的位置是一桌一桌的，有的一桌兩人、有的三人、有的五人，其中有一桌是一對情侶，那名服務生大概覺得那桌只坐兩人滿鬆的，就問他們是否願意容納一位外國人；沒想到他們點頭同意了，我因此意外得到了一個位置，而且我的運氣非常好，是第一排面對舞台正中間的位置！

第一首曲子由鋼琴、大提琴、小提琴和手風琴組成的樂隊揭開序幕。在探戈秀，手風琴是主要樂器，也是探戈音樂的靈魂；而音樂演奏、歌唱都是穿插性質，重點當然是一男一女的探戈舞。舞者一出場，氣氛驟變，極具張力的舞蹈馬上吸引所有觀眾的目光，他們的表情時而憂鬱時而深情，在停住的剎那，更能立刻感受到力與美的結合。表演相當緊湊，有時節奏急快，有時深情緩慢，舞步和音樂之間搭配得恰到好處，每一次的絕技都引起全場的掌聲。最後一首曲子，出現越來越多高難度的動作，加上很多不可思議的舞姿，看得我快不能呼吸，高潮持續到最後一拍，激昂的音樂瞬間停格，男舞者挽著女舞者的腰，優美地停頓；全場觀眾的情緒也被帶到最高點，紛紛起立鼓掌，真的是太精彩了！

在布宜諾斯艾利斯，探戈無所不在，不用深呼吸，即可聞到它的存在。街道、市集、舞廳、公園，場地毫不設限，優雅的老紳士、和藹的女士、打扮時髦的年輕人，想加入的人便下去跳，其中不乏職業級的舞者，伴一找，腰一摟，音樂一下，踏著豪放的探戈舞步，專注的神情，彷彿這世界只有他們，幾乎到了忘我的境界。

他們的熱情，感動了過路的我，我隨意坐在街頭觀賞表演，這不就是旅行嗎？旅行，拉近了人與人之間的距離，使彼此的心更貼近。我在找的，只是一種情感的交流，不分種族性別國籍語言，沒有界限，不需要奢華的旅館或山珍海味，只需一種簡單的觸動，即使只是一段舞蹈，也能讓我感動。

在阿根廷的街道上，探戈已與日常街景融為一體。

二十人房

背包客的氛圍

在布宜諾斯艾利斯的第三天早上，我搬到一間更靠近市中心的青年旅館，住進了一間有二十張床的房間。床位有的是上下鋪，有的是單人床，屬於開放式空間，大概有三十幾坪，是我此行住過最大的房間。

這間房的特色是「不指定床

位」。每天早上有清潔人員整理房間，在此過後，你前一晚的床就未必是你的床，如果你不喜歡原來的床，正好可以趁機更換到空的床位。第一天我睡中間位置，第二天就換到靠窗的床位；因為房內充斥著體臭、腳臭、汗臭，還有抽菸者滿身的菸味；另外有些人沒洗澡，味道也不好聞。靠窗的地方空氣比較流通，算是「貴賓級」床位了。

在南美洲，幾乎每一間青年旅館都是由住家改裝。我住的這間位在舊社區，由於治安不好，搶劫頻仍，附近店家都裝設了鐵門；尤其雜貨店更誇張，只開一扇小鐵窗，連進去的門都沒有，要買東西就只能站在外面對著窗口講。不過這裡生活機能倒不錯，衣服髒了，直接拿到對街的洗衣店即可；肚子餓了，就到隔壁的披薩店叫外帶；有時順便買瓶啤酒，直接蹲在門口，一邊喝酒一邊吃。

旅館是一棟四層樓長方形的建築物，一樓是公共設施，前半部是櫃台、上網區、交誼廳；中間是小餐廳，有吧台和幾張桌子；後半部是綠意盎然的小花園，有烤肉架、躺椅和幾簇五顏六色的花，營造舒服的休閒氛圍。房間則分布在二到四樓，以六人房和八人房居多，也有價位較高的雙人房和單人房，我住的二十人房位於四樓長廊底的角落。

多人房通常都是男女混住，人多，熱鬧，房間裡大背包散亂一地，床角吊著毛巾跟T恤。它的優點是很便宜，一晚大概台幣兩百元而已；缺點是又髒又吵，即使到了深夜還是很多人進進出出，但我就愛這種隨興的調調兒。

我們的房間內有張小圓桌，室友們都喜歡坐在那兒聊天，我因此認識一位來自韓國的朴小姐。她在韓國主修西班牙文，將到祕魯當一年的交換學生，學期開始之前，先來南美洲自助旅行；在安德魯離開後，我又認識三位分別來自加拿大、美國和以色列的朋友，再加上韓國的朴小姐，變成一行五人。

加拿大人住在魁北克，長得高瘦，留著一頭長髮，是個玩電吉他、組band的rocker，由於他住在加拿大的法文區，所以英文並不好，我跟他多以法文溝通。以色列人很隨和，是那種要去哪玩都沒意見的人，他的國家規定每個人都要當兵，女生兩年、男生三年，我初次聽聞很驚異，「什麼！連女生都要當兵啊？」他開玩笑地說：「因為世界各國都討厭我們、都想攻打我們，唉，當以色列人很無奈啊！」當兵很苦悶，所以他們有個「習俗」，只要一退伍，馬上拿著當兵所存的薪水出遊。他們習慣往便宜的地方跑，以南美洲跟東南亞兩大區域為主，所以在南美洲的大街上隨時可以遇到以色列人。美國人是一名工程師，是位很有個性的宅男，手上隨時拿著筆電、手機，還有一大堆3C產品，除了約他外出，其餘時間他都躺在床上聽音樂或看書，連吃飯也是如此；他的話很少，多數時間都聽我們說。或許有人質疑，怎麼有人出國旅行還整天躺在床上，不是浪費時間嗎？但這就是旅行，每個人都有屬於自己的style。

瑪黛茶

我們五人白天幾乎都一起行動。有一天，我們搭地鐵到當地著名的Palermo公園晃晃，我們隨興地逛著，剛好遇到一群學生正在練習薩克斯風，我們坐在一旁的椅子上聆聽，趁著練習的空檔，他們拿起鋼杯，喝起了阿根廷著名的瑪黛茶（Yerba mate）。

阿根廷人愛喝瑪黛茶，就像中國人愛喝茶一樣，不僅僅是一種生活習慣，更是一種文化。在這裡，無論高官顯要或平民百姓，招待客人最常見也最講究的，就是瑪黛茶；甚至在戶外，他們也隨身攜帶專用的熱水瓶和瑪黛茶沏茶用具。

瑪黛茶的喝法很特殊，你要買一個葫蘆形狀的鋼杯，加入瑪黛茶葉，用熱水沖泡，配合一種特製的不鏽鋼吸管，底部有一個圓圓胖胖的過濾網，藉此過濾茶葉，喝完再回沖熱水。

他們喝瑪黛茶的氣氛像極了野餐，有人或站或坐，而每個路過的人都可以跟他們要一口來喝；傳統的喝法是所有的人共用一根吸管，傳來傳去，象徵「彼此分享」。

這種「風味餐」我豈能錯過？趕緊請朴小姐幫我過去詢問看看，是否可以讓我們喝一口？他們很樂意，馬上把杯子遞過來，但其他人都敬謝不敏。其實我一開始心裡也有點抗拒，不太習慣使用大家用過的吸管，不過出來玩就要入境隨俗嘛，我很想體驗在地文化，所以最後就只有我一個人喝了。我慢慢地吸了一口，其他人都在等我的反應……

「好苦啊！」我眉頭一皺，大家都笑了。

「那是你還喝不習慣，再喝個幾次，就會無法自拔地愛上瑪黛茶了！」阿根廷的同學們跟我說。「瑪黛茶有很多不同的口味，有薄荷、柳橙、草莓、檸檬等，下次你可以試試別的口味。」

我們邊走邊談，提到我每天都想吃一塊牛排的心願。此話一出，意外發現大家都愛吃牛肉，那麼就找一家牛排店用餐吧！但朴小姐很省，她說：「牛排館都很貴，反正旅館有廚房，不如我們買一些回旅館自己煮，我掌廚！」有得吃又可以省錢，大夥一致舉手通過！於是我們一行人浩浩蕩蕩走到超市，赫然發現，一盒兩大塊牛排才六披索，折合台幣約四十二元，簡直便宜到想哭！

雖然朴小姐說要掌廚，但我們很有默契地分工合作，找出自己適合的任務，嘴巴說是要展現紳士風度，實際上是因為大家都餓了，一起動手做速度才快：有人煮義大利麵、有人煮醬料、有人擦盤子、有人撒鹽巴，叮叮咚咚一下就煮好了，我們的成果是——「番茄肉醬義大利麵」配「牛排」，好豐盛的一餐！

之後的幾天我們都如法炮製，在青年旅館的小餐廳，我與來自世界各地的背包客，藉著洗米、切菜、煮湯、吃飯、洗碗……等過程，認識彼此，也認識他國文化，這是自助旅行最珍貴也最有趣的地方。

世界的盡頭

烏蘇懷亞

結束了在布宜諾斯艾利斯的行程，我計畫搭早上七點十分的班機到地球最南端的城市——烏蘇懷亞（Ushuaia）。

烏蘇懷亞是前往南極的入口，但這趟極地之旅的起步卻是一團亂！

話說當天早上，不知怎的，竟睡到六點才起床，嚇得我屁滾尿流，差點失了魂。我手忙腳亂地把東西全塞進行李，攔了一部計程車就直奔機場；還好是國內班機，檢查比較簡單，趕到候機室時，我已經汗流浹背。

時間是六點四十分。

我在飛機上努力調適心情，抵達烏蘇懷亞上空時，風景變得很不一樣，窗外淨是雪山與大海，好漂亮！進了機場，我眼睛更是為之一亮！眼前是一座木造機場，空氣中飄著淡淡的木頭香，是我見過最有特色的機場之一！烏蘇懷亞三面環山，一方傍水，透過機場內的玻璃窗往外眺望，戶外有寬闊的平原，綴著一潭深藍色的淡水湖，厚厚的雪覆在遠處雄偉的山上，這就是極地風光嗎？眼前綿延不盡的海岸線和白雪皚皚的山脈，彷彿帶我進入另一個世界。

烏蘇懷亞位在阿根廷最南端的「火地島」上，城鎮周圍的山頂終年積雪不化，天氣寒冷，據說，有陽光的日子一年不超過三十天，所以遊客都集中在夏季，而所謂的夏季相當於台灣的冬天，甚至更冷；走在路上，冷空氣冰敷在我的鼻尖，凜冽的寒風吹得令人發抖，我穿上厚重的外套，不斷搓手取暖，嘴巴呼出熱氣，期望能驅走襲來的寒意。

烏蘇懷亞是個乾淨又安靜的小城市，人口約五萬，幾條主要街道沿著山坡分布，大大小小的房子，五顏六色的斜屋頂，頗具歐洲風格，牆面上色彩鮮豔的塗鴉及可愛的企鵝畫像，成了最活躍的風景。

當天我住在一間小旅館，時近冬日，夜裡氣溫驟降，整晚聽到的都是風吹窗戶所發出的急促拍打聲，風力超強，砰砰砰的；難怪有人說，就算你無法到南極探險也沒關

係，烏蘇懷亞本身就很有極地的感覺，雪山、勁風、荒涼、寂寞……在晚上，甚至讓人感到害怕。

我明顯感覺自己帶的衣服不夠，隔天便直奔大街添購大衣。

走在大街上，到處都看得到旅行社，當地的主要產業是旅遊觀光，在旅遊旺季，遊客往往比居民還多。所謂的旅遊旺季是指每年的十月到隔年二月，這段時間是南半球的夏天，前往南極相對安全；過了二月，南極的天候逐漸變差，暴風雪隨時可見，去南極就太危險了。

烏蘇懷亞有不少旅遊景點，你可以搭船出海看企鵝、海豹，也可以到附近的「火地島國家公園」健行，園區內設有蒸汽小火車，而這段鐵路是由一百多年前一群被流放到邊疆、關在監獄的犯人所搭建而成的。除此之外，絕對不能錯過的景點是一塊重要的招牌，上面寫著「fin del mundo」，意思是「世界的盡頭」；它矗立在破冰船前往南極的港口旁，的確頗有世界盡頭的氣勢。

前往南極的門票

其實我這段南極之旅並不如想像中的順利，由於阿根廷簽證的不確定性，使我無法在台灣預先購買破冰船船票，再加上抵達烏蘇懷亞已是三月中旬，很多船公司不願出海，就算願意出海，也得看氣候，若一直下大雪，船次還是可能取消。

所幸「關關難過關關過」，我拿到阿根廷的簽證，如願來到烏蘇懷亞，接著就是找旅行社了。

這裡有很多到南極的行程，旅客可依登陸地點、天數及不同等級的船或遊輪做出選擇。

我走遍大街小巷，發現有一家旅行社正在銷售last minute ticket（最後一分鐘的票）；那是一種為了把票賣出去，只好以低價出售的販售方式。好比這艘船今天啟程，但最後一刻仍有位置，為了順利出團只好低價賣出，所以我一看到有旅行社賣last minute ticket，便趕緊去詢問。

我運氣不錯，等到了last minute ticket。但十一天的行程要價三千九百九十九塊美金，約台幣十三萬，我有點猶豫，因為還是好貴啊！不過，我只遲疑了一分鐘就決定買了。這是一生難得一次的機會，我都離南極這麼近了，下次什麼時候還會再來也不知道，況且錢再賺就有了，我一定要把握住，不要讓人生有任何後悔的決定。

船票買到了，天氣不錯，確定可以出海了。我掩不住心中的興奮。南極，我來了！

烏蘇懷亞號

登船

我起了個大早，揹著背包往碼頭走去；原本冷清的港口湧進人潮，大夥拖著行李魚貫而行。我想到即將踏上南極旅程，心情異常亢奮。

港口停著大大小小不同的船隻，有豪華遊輪、中型破冰船……而我們搭乘的「烏蘇懷亞號」（USHUAIA）屬於小型的破冰船，它原本是美國國家海洋與大氣管理局所建造用來進行南極研究的船隻，退役後重新改裝，現在是一艘能容納八十四位乘客的旅遊型破冰船。

「烏蘇懷亞號」共有五層，主甲板有交誼廳和餐廳，甲板上、下兩層都是客房，樓層越高房間票價越貴，因為視野較好，看得到窗外景色；我們的房間位在地下二樓，是最便宜的艙等，狹長型的套房空間窄小，塞進一張上下鋪後，我連要跟冰島籍的室友錯身而過都很困難，據說這以前是船員住的地方。

放妥行李後，我意外發現住在隔壁房的鄰居竟是東方人，在南美洲很難得看到黃種人，我興奮地跑過去跟他打招呼。他叫亞當（Adam），爽朗的笑聲是我對他的第一印象。我很高興認識亞當，至少我知道這趟行程並不孤單。

不過亞當來的時候遇到不少倒楣事，最慘的是他的行李在機場搞丟了，所有的家當就這樣消失在南美洲的某個角落。他本來還懷抱著希望，但始終音訊全無，所以在上船前兩個小時，他才緊急在烏蘇懷亞的街上大肆採購牙刷、牙膏、刮鬍刀等日常用品，以及毛衣、外套、長褲等禦寒衣物。初次碰面，只見他拎著一大堆購物袋，每樣東西都是新的，連牌子都來不及拆呢！

上船後的第一個活動是迎新茶會，在一樓大廳舉行。大家很有禮貌地互相打招呼，「Hello」、「Hi」、「How are you」……此起彼落。這一團共有七十幾人，我看到他們的第一個念頭就是：「這些人一定與眾不同，會到南極來的應該不是普通人。」果然，有人已經是第三次來南極了，我聽了很驚訝，問他：「來那麼多次難道不會膩嗎？」「每次來的心情不同，旅伴不同，登陸的地點也不同，所以每次來都像是第一次，而且，南極的真實面貌，不是一次的探險就能夠瞭解的。」

團裡最年輕的是四個念國中的小男生，他們是朋友，趁著假期結伴出遊，才國中就能夠到南極來探險，我真心覺得這幾個小朋友實在是幸福到讓人嫉妒；最讓我意外的是竟然有三對老夫婦，已經白髮蒼蒼的他們，不畏南極的冰天雪地，挑戰自我的勇氣讓人敬佩。此外還有五對情侶，其餘都是跟我一樣的背包客。

船上的總領隊是英國的冒險家，帶隊到南極有八年的經驗，他個性沉穩，總是穿著一件卡其色的襯衫，就是那種會在電影中出現的探險家的裝扮。他跟大家打招呼後，請全船的人一起舉起香檳，「Cheers!」準備迎接接下來的冒險行程。這十一天的行程，去跟回各占兩天，實際上待在南極的時間只有七天。

船在行進中，領隊會為大家安排一些課程，其中一堂課專門以影片介紹企鵝，因為南極有很多不同的企鵝，以總領隊為主的是一組團隊，每個人有不同的專長，例如有一個就是海鳥專家，他講海鳥講得津津有味，大家就像學生一樣在教室上課。

我在船上幾乎都跟亞當在一起。他在加拿大成長，英文最流利，其次是廣東話，中文說得並不好，但至少能溝通，所以我們的交談以中文為主、英文為輔。

在充滿英文的世界裡，可以偶爾跟人家說說中文，是一種大大的放鬆，整天被英文包圍，有時還滿令人窒息的。我本來自認為英文還算不錯，一上船才知道根本不是這回事，尤其是專有名詞，幾乎聽不懂，差點得憂鬱症，只好黏著亞當。

德瑞克大叔

我們的船在浩瀚的海洋中向著南方緩緩前進，船離開烏蘇懷亞的港口後，我們進入了一個新世界，沒有陸地，沒有房子，沒有人煙，眼前灰濛濛一片，只剩下烏蘇懷亞號孤獨地在空曠的大海中前行。

幾個小時後，我們進入惡名昭彰的德瑞克海峽（Drake Passage），它位在南美大陸跟南極半島之間，地處洋流交界，是一片神祕的大海，整個海域細長而狹窄，不時出現一陣陣的強風，整艘船顛簸搖晃，船隻在此航行特別艱難。領隊說，通常需行駛一天半才能通過這段海峽，到達對岸的南極半島。

一個來過的團員說：「沒有暈船藥，是無法度過這段世界最險惡的海峽的。」那幾天，天氣不好，船隻搖晃的情況更加嚴重，有時甚至到達左右四十五度的超大搖幅，海浪陣陣打在船板上，聽著浪聲，看著陰暗的天空，讓人不自覺地害怕起來。

很多人都已事先服下止暈藥，也有人不信邪，想靠自己的意志力撐過這一天半，結果失敗了，暈船狂吐，有人還硬撐，我就是其中一員。小時候我住在花蓮，每逢大小節日，常常一家五口擠在車上，沿著九彎十八拐的山路回台南老家，老爸卓越的山駕能力，練就我一身不怕暈的好功夫，對抗凶狠的德瑞克大叔想必綽綽有餘。我先輕鬆以對，漸漸的我奮力抵抗，這時勉強還能拚個勢均力敵；但半天後風勢強勁，胃裡的食物快要跑出來見人了，我拿出從台灣帶來的暈船藥，趕緊配水吞下去，閉上眼，想像自己漸漸遠離戰場，回到那無憂無慮的家鄉，眼前是翠綠的稻田，耳邊是悠揚的水晶音樂……

德瑞克大叔，算你行，咱們擇日再戰！

踏上南極大陸

登陸

經過兩天德瑞克海峽的折磨後，穿著探險服的領隊豪邁地向大家宣布，我們今天有機會登陸喔！

「哇……」剎那間驚呼聲四起，大夥都很樂！有人不畏寒冷地站在甲板上，深怕錯過望見南極大陸的第一瞬間。我站在船頭，頂著寒風，這一天的視野很好，蔚藍的海、湛藍的天，冷颼颼的風，但我的內心熱血澎湃。

「看到了！看到了！看見陸地了！」那是一座雄偉的冰山，銳利如刀的山頂，被太陽映出沁白的光輝，全船的人都好興奮，紛紛拿出相機拍照。

船緩緩地前進，覆著厚厚冰層的陸地漸漸包圍我們，我眼前的陸地，真的是南極的土地嗎？這是一個什麼樣的地方？我來到世界的盡頭了嗎？我還不敢相信。

「大家準備一下，三十分鐘後我們準備登陸囉！」擴音器傳來領隊的聲音，船上又是一陣騷動，我想大家都跟我一樣期待吧！

冰封的世界

登陸前有一番前置作業，全部的人都得全副武裝——穿上足夠的禦寒衣物、風衣、防水褲、雨靴、救生衣，並走在有噴水小徑、刷子步道的長廊，所有的雨靴都要用強力水柱清洗，沖洗到非常乾淨才行，那種感覺像是要登陸作戰。我們每次出入破冰船，都必須要「淨身」通關，不能把非南極的動植物，甚至微生物帶進南極，也不可以攜帶南極任何的東西當紀念品，連石頭、沙子都不行。領隊補充說：「南極被稱之為世界的淨土，是地球上唯一不能永久居留的地區，南極不屬於哪一個國家，主權屬於全人類所有。」

準備就緒，工作人員把輪船上的橡皮艇備好，我們要換快艇出去囉！

每艘橡皮艇只乘載八人，共四艘快艇輪流載人。橡皮艇在風雪中急駛，風急浪高，很冷也很刺激，越接近陸地，我越無法克制心裡的衝動！我對著亞當大叫！「Come on man! It's Antarctica!」

橡皮艇靠岸了！一踩到地面，我迫不及待且雀躍地跳了幾下，「喔！這地是硬的耶！是南極，想不到我真的到了南極！」轉過身，「喔！企鵝耶！超多的企鵝耶！」我的大腦跟腳步一樣跳躍，嘴巴一點都合不起來，只是不斷鬼吼鬼叫！我們身邊有上千隻，不，是上萬隻的企鵝包圍著，牠們就在我身旁不到一步的距離，搖頭晃腦地走著！太可愛了！我好想伸手摸摸；但想起領隊說的：「請大家務必遵守國際訂定的『南極公約』——遊客與任何動物均必須保持五公尺以上的距離，餵食、觸碰都不被允許，以避免破壞南極的生態。」我只好收回伸出的手。換言之，牠們可以靠近我們，但我們不能主動靠近牠們；所以大家只好以逸待勞，靜靜坐在地上，希望得到企鵝們的青睞。這時候，就得各顯神通了，有人出怪聲、有人做怪表情、有人假裝別過頭不看牠們，但不時用眼角餘光偷瞄。

船上的講師教過企鵝的課，所以我們很容易分辨出哪隻是國王企鵝，但正值換毛之際，企鵝看起來有些寒酸，好像衣服破了找不到師傅補，但大多數的企鵝還是雄赳赳氣昂昂地站著。在風雪中，企鵝也懂得找樂子，牠們自己挖了一個滑水道，快速俯衝，玩得不亦樂乎，我趕緊拿出相機拍照，但手指幾乎凍到失去知覺，連快門都差點按不下去。企鵝溜滑梯的模樣很滑稽，領隊解讀為「跌倒」，我個人認為比較像搞笑藝人在做一個滑稽的撲倒動作，可愛逗趣的模樣，我們在旁邊看到都笑歪了。

下午的登陸行程，我們十分期待再次看到可愛企鵝滑稽的溜滑梯模樣，沒想到竟然遇到了暴風雪；冰雪勢如龍捲，夾帶著沙子從冰坡上鋪天蓋地滾來，簡直像一道無形的瀑布，刀尖般刺骨的強風差一點刮傷我的臉，我瞇著眼不讓狂風將沙雪吹進眼睛。彎著腰低頭前進，在風雪的間隙中，緊盯著前面團員的背影，深怕一個閃失就會迷失在風雪中。

我們在途中經過一個大坑洞，大概有兩個操場的大小，坑洞中打繞著的暴風，狂妄得彷彿要侵蝕掉這整片土地，我跪在洞口，靜靜體會大自然的鬼斧神工，這風聲像是會催眠人似的，有那麼幾秒鐘的時間，我彷彿被拉進了洞中，忘了自己只是到此地探險的過客。

在南極游泳？

冰山

在南極，通常早上和下午各有一次的登陸，時間有兩個多小時。

這段時間可以看到各式的野生動物，最常看到的是可愛的企鵝，我對海豹也印象深刻，牠們看起來懶懶的，可認真起來就完全變了一個樣。有一次在觀察海豹的過程中，牠忽然抓狂，追著我跑了五十公尺，整個就是「海豹追殺令」。殺人鯨則是這趟旅程最意外的驚喜，我記得那時牠跟著破冰船一起游了三分鐘，大家在甲板上左奔右跑，搶著欣賞這難得的訪客，黑白相間的殺人鯨在水中馳騁的身影，好美。

除了野生動物，令人驚豔的就是各式各樣的自然景觀了，有暴風雪、冰河、峽谷……金色的陽光閃耀在藍天白雲間，一座座不知名的冰原昂然聳立在海上，遠處那被白雪覆蓋的山峰，在一片藍天的襯托下，散發出鑽石般耀眼的光芒。這地方淨是一片冰天雪地，沒有人跡，沒有住家，九天寒徹、大地封凍，那孤寂的荒涼景象，感覺是到了世界盡頭，而這盡頭，只剩我們。

另一個值得一提的是南極的冰山。

冰山是南極海域獨具特色的象徵，每年都有數以萬計的冰山從南極冰層的邊緣分裂出來，漂浮在海上，形成瑰麗多姿的景象。據統計，南極的冰山大約有二十一萬座，平均每座重十萬噸，最大的甚至可達直徑一百四十公里。

有一天下午，我們搭乘橡皮艇，穿梭在冰山陣中，近距離欣賞這不可思議的藝術品。橡皮艇在海上慢慢漂流，伸手可及的是千變萬化的冰山，每座冰山有著不同的絕美樣貌，它們是大自然的雕塑品，著上的是耀眼的冰山藍，這種藍是全世界最潔淨的顏色。雖然在課堂上聽過冰山的成因，但是當你真正站在冰山前，所有的解釋似乎都給人一種不足信的感覺。「真是太不可思議了……」是當時唯一能說出口的一句話。

一座座的冰山因為結晶緊密，加上日光折射，發出閃亮的藍光，有的裹著紋路，或螺旋或交叉，以與眾不同的角度向世人展示著，如果寶石的價值和它的大小成等比級數正比，那麼南極就擁有了世界上價值最高的寶藏，而且源源不斷。它們像是嚴陣以待的衛士，守護著這冰天的疆土。當你凝望著這些守疆衛士的勇士時，伸出手觸摸他，你會深深地感覺到他們的力量，而那股力量，會讓你的大腦停止，只能失神地、靜靜地用你的全身，去接受那湛藍光束的浸潤，對了，如果你有機會造訪南極，別忘了用手抓一小塊冰山來吃吃看，那是全世界最純淨的冰。

在南極游泳？

南極探險的第八天，船來到迷幻島（Deception Island）上的捕鯨人灣（Whalers Bay），總領隊舉起雙手宣布：「各位勇士們，這是南極少數可以游泳的地方，如果你們想要體驗南極的冰寒，就是現在，把衣服脫了，衝下去吧！」大家聽了眼睛一亮，我和亞當對看一眼，很有默契地點個頭，默默地脫去外套、上衣、長褲，旁邊的人都在看，那表情像是在說：「你們瘋了嗎？」我們不顧他人的眼光，往後退了兩步，「Go! Go! Go!」旁邊的朋友們一直起鬨，我們互相確認「就是現在！」便深吸一口氣，拔腿狂奔，一口氣衝進冰冷的海水裡！「哇！好冰啊！」我大叫，全身的毛細孔急速收縮！「太爽了啦！」我大口喘氣，手腳軀幹一邊做著不知道怎麼形容的不協調動作，希望藉由呼吸跟肢體來調節腦內的控溫中樞，但看來是無效，眼睛望著冰山，皮膚浸在零度的水中，我是瘋了嗎？

接下來，我把整顆頭埋進水裡！酷寒的海水急凍了我的腦袋，天啊！我的頭皮像插進了千萬根針，臉頰的皮膚脆弱到似乎一碰觸就會剝落，我忽然覺得自己做了一個錯誤的決定，實在不該把頭埋進水裡的！But，這個感覺太過癮了，就好像在泡溫泉時從熱水池跳進冷水池那一剎那心跳突然停止的感覺！我跟亞當在水裡大叫著，岸上的同伴們也跟著我們一起鬼叫！真的是太high了啦！

這一路儘管很過癮，但此地實在不宜久留！慢慢的，我的手沒了知覺，我驚覺苗頭不對，趕緊跑回岸邊「取暖」。

迷幻島地形相當特殊，位於南極大陸的北邊，是座活躍的火山島，甚至在一九六九年還有一次大爆發，摧毀島上的研究站以及鯨魚處理廠，我們登陸的地點還遺留著當時的廢墟及廢棄油罐。因為這是一座火山島，被地熱「蒸熱」的黑沙摸起來竟是「溫的」；我趴在黑沙上取暖，酷寒冰海跟溫暖黑沙，這天然的「三溫暖」交替使用，好不舒服。

跳入低溫零下的海中，是去南極的必備行程。

老實說，要把自己丟進南極冰冷的海水裡，是需要一點勇氣沒錯，但不恐怖，真正恐怖的是上岸後穿衣服的瞬間！我記得那時游完泳，趴完熱沙，準備上岸穿衣服，這時一陣冷冽的空氣襲來，在那短短幾秒的時間，我發覺大腦已經無法控制我的雙手；從手指、手掌……漸漸的我沒辦法控制自己的手臂，頭腦也慢慢無法思考，甚至我的腦中，突然閃過了可能要截肢的念頭，我臉上的肌肉像石頭一般沉重，連說句「好冷」都好吃力。

這是我這輩子第一次遇到這樣的情況！好恐怖！我奮力地擺動雙手，不停地甩動手指，希望能尋回一點失去的體溫，但真的不行，換來的只是不斷不斷流失的溫度，甚至連接觸衣服的感覺都已經消失。

好不容易用緩慢的動作穿上衣服，套上外套，我不停地用兩隻手搓揉取暖，心臟急速地跳著，驚魂未定的我趕快戴上手套跟毛帽，坐上快艇回到破冰船，我握緊一杯熱水，傳入手心的溫度慢慢加熱雙手，此時知覺才一點一滴恢復，但我永遠不會忘記剛剛那幾乎癱瘓的一刻……

你是傳奇！

南極魔術秀

南極之行到了倒數階段，大家想到即將離別，都感到依依不捨；最後這兩天大家都不想待在房間，幾乎都聚在一樓的交誼廳，以把握這最後相處的時光。

楊西是來自美國的工程師，每天與電腦為伍的平淡工作，日復一日與同事勾心鬥角的職場，二十九歲的他，想在三十歲之前給自己一段不一樣的人生，便毅然辭職，買了張環球機票，準備花一年的時間，從南美洲開始探索這個世界。

德國的大哥則帶著他年邁的爸媽，一家三口來到南極，「我爸在年輕時曾跟媽媽有個約定，不管年紀多大，身體多差，這輩子一定要帶著最愛的她來看看南極的冰山。」不過由於年紀太大，好幾次的上岸都因為太冷沒跟我們一起出海，但是常常看到他們坐在大廳裡，一言不發地望著窗外的冰山，老爸爸的手靜靜地放在老媽媽的手上，沒有言語，卻流露最珍貴的感情。

珍（Jane）是在美國某間大醫院加護病房工作的護士，照顧過也救回很多病人，「美國先進的醫療幫助了很多危急的病患，但很多身處落後地區的病人，卻連最基本的照顧都沒有。」她想要幫助更多貧苦世界的小朋友，所以離開了穩定的工作，出來看看這個世界，三個月的南美旅行之後，她要到祕魯的鄉下當志工。每個人都有不一樣的出走理由，但一樣的是那股追求夢想的勇氣。

大家分享著彼此成長的經驗與故事，剛好談到我之前去非洲行醫的事情，亞當突然指著我說：「他會變魔術喔！」很多人半信半疑，「真的假的？」亞當請我拿出筆電，給大家看我在電視節目變魔術還有去非洲服外交替代役的影片，一群人圍了過來，「哇，超酷！」也許他們聽不懂我在影片中所說的話，但他們還是被飄浮在空中的鈔票給驚嚇到了。有個人說：「可不可以把我們當非洲人，變魔術給我們看。」慫恿我秀一段魔術給大家看。

我拿起桌上的撲克牌，請來自英國的朋友羅德（Rod）選牌，大家記住後，我請他把牌隨意插進整副牌的中間。我把牌洗亂後說：「剛剛你選的那張牌其實是我的好朋友，它很乖，很聽話。」大家一臉疑惑，「你們看，剛剛選擇的牌，被洗亂後不知道在哪個位置，但只要我輕輕地敲一下，它馬上會聽話的跑到最上面來。」翻開第一張，「哇！」羅德大叫一聲，「怎麼會這樣！」其他人也嘖嘖稱奇。

「怎麼可能！」他們同時喊了出來！「因為它很聽話啊。」我笑著說。「再一次，再一次！」大夥紛紛鼓噪。

「其實魔術師有個原則，就是同樣的魔術不能變第二次，不過大家快分別了，所以今天加碼大放送，再做一次！」觀眾的歡呼聲讓我表演得更起勁。但這次我想來點不一樣的，「每次都由我來變不稀奇，羅德，這次讓你來當魔術師！」羅德聽了一臉驚恐。「別擔心，你可以的。先幫我把你剛剛選的牌插進牌堆中，然後輕輕地敲一下撲克牌。」羅德照做，全場屏息以待，我翻開第一張牌，「咦，不是啊！」大家一起抬頭看我。「哈哈哈哈！」一陣大笑。因為撲克牌跑到我嘴巴裡面了！

「你剛剛敲得太用力，把我的好朋友嚇得跑到我嘴巴了啦。」又是一陣熱烈的鼓掌！

「You are legend!（你是傳奇！）」來自愛爾蘭的派崔克（Patrick）大喊，其他人也跟著起鬨：「傳奇，傳奇！」差一點就要把我抬起來丟到空中去了！我很開心，在離家這麼遠的地方，同樣能以魔術表演來娛樂這十天來同甘共苦的來自世界各地的朋友，也很高興，在我魔術的夢想地圖，又拼上了一片——南極。

加拿大魔術徒弟

離烏蘇懷亞越來越近，大家互相交換接下來的行程，意外發現我跟幾位朋友走的路線是一樣的，像我跟珍剛好要坐同一班飛機到卡拉法提（El Calafate）看冰河；另一批人之後會到智利的百內國家公園，時間跟我相近的是海倫和羅德，所以我們互留了email，約好在某個青年旅館碰面，一起出發去健行。

在大家交談的過程中，有個人偷偷地拍了我的肩膀，「咦，怎麼了？」原來是來自加拿大的中學生波比（Bobby），就是那四個很幸福的中學生之一。

「你剛剛變得很棒耶，可以再變一個給我看嗎？」波比有點害羞地問。

我再次拿起桌上的牌，挑了張黑桃二出來，「看好喔，這張是黑桃二沒錯吧？」「嗯。」我把黑桃二拿在右手，「仔細看！」左手中指用力彈了一下黑桃二，電光石火之間，黑桃二瞬間變成了黑桃A！波比驚訝得張大嘴巴、合不起來，幾秒過後才尖叫，「怎麼可能？太帥了！」他跟我商量，「你再變一次好嗎？我把它錄起來，我要拿回去給同學們看。」「好啊，沒問題。」我在攝影機前再做一次，由於錄影中他不能出聲，但我看到他在攝影機後面用緩慢卻誇張的嘴型說出：「Oh my God!」我最喜歡這樣直接表達自己情緒的觀眾了！

錄完後他問，「你實在太厲害了，可不可以收我為徒，教我幾招魔術？」我就教了他一招簡單的魔術，他練習一下，成功了，很高興地謝謝我，我也很得意，他可是我的第一位加拿大籍徒弟呢！

回到真實世界

經歷十一天與世隔絕的生活，船慢慢回到烏蘇懷亞。

由於天候不穩，在這趟旅程中有些地方並沒有機會登陸，有點可惜，尤其是「全世界最南的郵局」，它位在烏克蘭的觀測站，旁邊還有個全世界最南的酒吧，很多人到南極，一定會在這裡買明信片寄給自己當作紀念，從南極寄出的明信片真的是很酷，但這次因為天候的關係無法成行，總覺得遺憾。

但，這就是旅行啊！就是要不完美，才會有回憶，想想人生中很多次一帆風順的旅行，數年後只會變成你口中的一個「目的地」，而不會是你口沫橫飛介紹的那段「一生一次」。在這十一天中，我第一次踏上世界的盡頭、經歷了人生第一場暴風雪、第一次在南極游泳、第一次差點被截肢、第一次親眼目睹殺人鯨、第一次被海豹追、第一次跟企鵝如此接近……這一切的一切，都如此地刻骨銘心，當我踩上地面的那一刻，距離上船前，感覺竟有半世紀之遙。

聽冰河唱歌

冰河國家公園

回到南美洲大陸後，有幾個好友要在烏蘇懷亞停留一天，吃個大餐慶祝「重生」。我很想參與他們的行程，但機票已訂，只好作罷；不過我想好好把握最後一段相處的時光，陪他們走到旅館。接下來，我和珍前往烏蘇懷亞的機場，搭乘同一班飛機前往下一個目的地——卡拉法提。

大部分到卡拉法提的人，都是為了同一個理由——聽冰河唱歌。

卡拉法提鎮上八成的居民仰賴觀光業，但觀光季只為期半年，當地民眾要靠半年的收入供養一年，所以物價相對昂貴。撇開昂貴的物價不談，其實我很喜歡這個城鎮，地方雖小，但巷弄充滿悠閒的小鎮風情，某些角落又有著巴塔哥尼亞高原銳利的景觀與蕭瑟的氛圍，這種衝突的美感，深深吸引著我。

冰河國家公園內有超過兩百條大大小小的冰河，在阿根廷算是國際級的景點，L型的步道，可以讓遊客從各種不同角度欣賞最有名的莫瑞諾冰河（Perito Moreno Glacier）。莫瑞諾冰河長三十公里，面寬五公里，嚴峻的冰牆就這樣矗立在眼前，震懾所有人的目光。我有點不寒而慄，那怒張的氣勢，即使說下一刻就要撲到眼前，也讓人深信不疑。更特殊的是，全世界大部分的冰河都是後退式的，但莫瑞諾冰河卻是世界上罕見的仍在增長中的冰河，所以現場會不時聽到冰河崩裂的聲音，有時聽到的是嗶嗶剝剝冰屑掉下的聲音，有時是砰的一聲，像煙火爆開，有時甚至看得到整片冰河墜落，雷霆萬鈞，相當壯觀。

到冰河國家公園，重點不是「看」冰河，而是「聽」冰河唱歌。書上說，一定要聽到冰河崩裂的聲音，才算「到此一遊」。雖然這裡遊客不少，但現場出奇地寂靜，所有人都在聚精會神地等著，希望能聽到傳說中冰河的聲音，我放慢呼吸，屏氣凝神，十五分鐘過去了，左前方忽然傳來窸窸窣窣的聲音，好像有人在竊竊私語，我趕緊往那個方向望去，目光才剛追蹤到那塊冰壁，不到一秒鐘，那片冰壁瞬間崩落！一整片巨大冰塊勢如破竹地墜入水中，摧枯拉朽之勢，直如亂石崩雲，捲起數公尺高的水花！崩落瞬間那隆隆巨吼真的是震撼人心，沿著聽覺神經衝擊我的大腦，大約有三分鐘無法回神！

涉冰之險

除了在步道上「看」跟「聽」冰河，更酷的是，你可以親自踩上去，甚至是攀上莫瑞諾冰河，近距離的感受這千萬年的壯麗。

要登上冰河，首先須乘船越過阿根廷湖，來到陸地與冰河交接的「河岸」。渡河的過程中，映入眼簾的是一塊塊天藍色的浮冰，結束萬年的旅程，從冰河崩落下來的它們，星羅棋布於湖中，湛藍地閃爍在寂靜的湖面。我站在船頭頂著風，越靠近冰河，溫度越低。萬里冰封的前緣，是一片壯碩的冰壁，將近一百公尺高的冰壁所帶來的壓迫感，會壓得人喘不過氣來。如果此刻有人從高空為我們照相，我想照片的大部分會是半個台灣大的冰原，而角落的我們有如螞蟻般的渺小，這會是個多麼懾人的對比。

穿過重重的浮冰，我們抵達冰河的前緣。關掉引擎，耳邊只剩下轟轟的風聲，搖晃的船身，就靠在冰河的前方。我們上岸後沿著邊緣健行，領隊挑冰河和陸地的交界比較安全的區域讓我們行走，腳下的崎嶇地面像是冷卻岩漿，地表在冰河與陸地一來一往的拉鋸中，被刮出了厚厚的傷痕。真正要走上冰河之前，領隊帶領我們去換上冰爪，以增加在冰上行走的抓地力；他教我們走路要像企鵝，膝蓋要彎，重心放在屁股，這樣才不會跌倒。我們一行二十多人，領隊嚴格要求我們一定要跟著他的腳步走，不能脫隊，因為冰河布滿暗洞，暗洞覆蓋新雪，與旁邊的厚冰是無法區分的，一個不小心隨時會掉下去，一掉進去就是幾十公尺深，非常危險。

換上冰爪後，我們一路往上走，第一次有機會在這麼近的距離親眼見到莫瑞諾冰河的真面目，眼前的冰河經過數百萬年的擠壓，形成無數個如刃的鋒頭，兩旁厚厚的藍冰，形狀各有不同，卻都美不勝收。有時左右的冰鋒甚至可達兩公尺高，我高興地在冰峰形成的隧道中走著跳著，在這萬年的冰河上留下短暫的足印。路邊的冰洞，吸引了我的目光，我探頭進去，想看看是否能發現什麼隱藏千年的生物，洞內那奇幻的藍，好像是一個異次元空間，吹出的陣陣冷風，更增添了冰洞神祕的氣氛。

當我們氣喘如牛地翻過最後一個冰丘之後，赫然看到一張陳舊的木桌，上面擺了幾個酒杯，我們一行人滿臉疑惑之際，嚮導拿起躺在桌上的鏟子，從冰河裡鏟起一堆雪，挖出埋在其中的威士忌，原來這是特別安排的驚喜！轉開蓋子，威士忌的特殊香味飄散在冷空氣中，嚮導從冰河敲下一塊冰放在我們的杯子裡，佐上威士忌的香氣，這杯用萬年的冰河水所調出來的威士忌，替這趟冒險劃下了句點。

我啜了一口威士忌，望著面前嚴峻而又威嚴的莫瑞諾冰河，思索著，如果冰河有生命，已有數百萬年歲的它，看著我們這兩個小時的旅行，對它來說算是什麼呢？冰河的剎那，卻是人類的滄海桑田。

Chapter3 智利

挑戰百內W路線

巧遇

從阿根廷的卡拉法提到智利的納塔列斯港（Puerto Natales），我進入這次自助之旅的第三個國家——智利。

在卡拉法提的巴士總站，剛睡醒的我看到了一個熟悉的面孔，竟然是亞當！「啊！怎麼是你？」兩人都尖叫了起來！在南極的船上，我們都知道對方要去爬百內國家公園，但沒特別相約，這下偶遇，不僅是巧合，也算有緣。我興奮地勾住他的脖子，也沒看他是不是喘不過氣來。

亞當在大學時代是金融系的高材生，他年紀雖然比我小，卻比我早進入社會，很有自己的想法。畢業前夕，班上很多人都已被大企業挖角，他也不例外，進入了香港一間著名的投資銀行。他的工作主要是幫股票上市公司辦理一些業務，待遇優渥，三年下來存了不少錢，還買了一台帥氣的ＢＭＷ跑車。

薪資高，「但這是用命換來的。」他的工作並不輕鬆，每天得熬夜，隨時注意全球經濟動態，辦公桌上的兩台電腦及密密麻麻的數字搞得人頭疼，「這幾年我累了，不想再過這樣的生活，想做點不一樣的事情。」他下了一個很大的決定，辭職，先讓自己休息一下，而這一趟自助旅行就是他離開工作崗位後的第一個行程；至於下一步，他打算創業，但還沒想好做什麼，想趁這段時間邊走邊想！

有人說，每個人的人生都有兩條路，一條是必須走的，一條是想走的。我們要先把必須走的路走漂亮，才可以走想走的路。

我是那種從小到大都安分守己的乖乖牌，認真地走著我必須走的路，國中縣長獎、高中南一中、大學醫學系、畢業後當醫生，這些步驟都按部就班地走完了，現在才開始走我自己想走的路；而亞當卻不甘如此，反而從穩定的工作中跳脫出來，另闢一條蹊徑，堅持走上自己想走的創業這一條辛苦的路，我想或許正是這樣的人，才能看到不一樣的風景。

「加油！我相信你一定可以找到屬於你的一條路！」看著亞當炯炯有神的雙眼，我可是一點都不懷疑。

我們在車上東扯西扯，他教我廣東話，我教他國語，我跟他說，來台灣就要講一些道地的國語，才能夠跟台灣人打成一片，有幾句話一定要學，例如「很屌」。「喔，這個我知道，周杰倫在香港很紅，這個他常常說。」「哎呦，不錯喔，我再教你其他的，『哇塞』，這是一句很道地的話，只有台灣人才會講，是驚訝時的語助詞。」「還有『把妹』，這個詞你一定也會常常聽到，就是追女生的意思。」

歷經六個小時，才到達納塔列斯港，「再見了，兄弟！」我大力地擁抱亞當後轉身，兩人再度踏上不同的旅程。

百內國家公園

巴塔哥尼亞高原是塊尚未被開發的處女地，蘊含秀麗與壯闊的山景冰川，而我就在此地整裝，準備出發挑戰最著名的「百內國家公園」，它常在那些什麼人生必遊的一百個景點中榜上有名，以氣候變化多端聞名，有人四天都碰到晴空萬里，也有人七天都遇到滂沱大雨；有時前十分鐘狂風大作，十分鐘後就豔陽高照，一切都得碰運氣。

說實在的，我不是個喜歡爬山健行的人，本來只安排待個兩天，隨興走走看看就好；但一路遇到的各國背包客都走過百內最有名的「W路線」，有一個還沒帶帳篷，只拿個睡袋，花了七天走完「環狀路線」。他們一直跟我說那邊有多美麗、多壯觀、多可怕又多難忘，講得我心好癢，可是就是差那麼一點，還沒癢到讓我動腳，直到在南極遇到的幾個朋友，羅德、珍、海倫跟亞當，他們都要到百內挑戰W路線，我這個人沒什麼優點，就是愛湊熱鬧，好，要走就一起走吧！

由於我、羅德跟海倫三人抵達百內的時間較接近，在南極就約好一起行動，但也沒說個確定，背包客的計畫永遠趕不上變化，或許後來不去了也說不定，所以當時只說：「三月三十號在海倫預訂的旅館相見」，有遇到就一起爬，沒遇到就各走各的，反正一切隨緣。

我在預定日期那天到了海倫的旅館，想不到當天床位全部客滿，我去櫃台詢問羅德跟海倫是否已經來了，得到的答案是不確定，我只好在離預定相見的旅館五分鐘路程的地方，找了一間青年旅館投宿，這間旅館設備還滿乾淨的，不過不知道是不是位置不好，兩層樓的旅館只有三個房客，感覺有點冷清。

入夜後的小鎮風好大，我在一個人的房間，思索著下一步。

隔天吃早餐時，一位來自以色列的房客告訴我，每天下午在Erratic Rock旅館都會舉辦行前說明會，解說得很詳細，幾乎所有登山客出發前都會參加。我想先去聽聽吧！我進場時，說明會已經開始了。我彎著身走到後方找了張椅子坐下，專心地聽著，前面有一位留著大鬍子的帥哥，指著貼在牆上的巨大百內地圖，解釋W路線。

忽然在右前方離我不遠處，有兩個熟悉的身影。搞什麼！是海倫跟羅德耶！我超興奮的！但是演講已經在進行中，我只好忍住心中的衝動，跨過去拍了羅德的肩膀，「羅德……」我用氣聲叫他的名字。

他轉過頭來，嚇了一跳，馬上跟海倫說。海倫看到我也很驚訝！原來羅德比我早一點抵達，剛好還有床位，他們昨天晚上一直在討論我，想不到今天就在這裡遇見了！

「太好了！又相遇了！我們一起來挑戰W路線吧！」我開心地拿起手上的地圖，對照牆上的大地圖，在花花綠綠中標上了經典的W路線。

爬百內國家公園有兩條主要路線：一條是繞著國家公園走一圈的環狀路線，所需時間至少七天；另一條是大略呈W形狀的健行路線，約四天三夜，是最經典也是最熱門的健行路線。W字形意味著「爬上爬下」，而在W的三個頂點分別可以看到百內最主要的三景，由左到右分別是看冰河、山谷、百內塔。住宿則有兩種方式——住小木屋或搭帳篷。

說明會的重點之一是教大家怎麼走。他們是專家，用地圖輔助說明，講解得十分詳細，例如從A地走到B地正常腳程是幾小時、應該在哪裡紮營、如何搭帳篷、衣服要怎麼穿、體力的調節……我是登山初學者，這個說明會對我來說收穫很多，其中印象最深的是這段話：「走W路線的人，第一天，你會有一種快死掉的感覺；第二天你會習慣，因為腳已經麻痹了；第三天相當過癮，因為你開始享受；第四天爬完後，你會感覺超爽！而且還會想再回來走環狀路線！」我從來沒有重裝登過山，不過大鬍子帥哥說：「不要擔心，如果你沒有走過長天數的健行或登山，這就是你開始的地方！」那麼既然來了，就衝吧！

說明會結束後，我們在Erratic Rock租了帳篷、睡袋、登山杖、瓦斯爐，我很擔心自己的鞋子不方便登山，所以特地租了一雙登山鞋，我們再一起到超市採買乾糧、巧克力及食材……

百內，等著我來征服你吧！

硬漢行程

大失策

從納塔列斯港到百內國家公園，車程大約兩小時。

車子由一片莽原慢慢駛入環抱的群山之中，沿途景色從荒涼的褐色逐漸變成明亮的藍天、橘色、湖色……接著景觀倏變，在一處寬廣的高地，象徵此地地標的「百內之塔」，突然就這樣矗立在我們眼前，再加上前面翠綠的湖泊，如詩如畫的倒影，百內果真是名不虛傳！我好興奮，迫不及待地想要更近距離體驗它的壯闊！

司機放我們下車後，我們直接搭船橫越Pehoe湖，來到了此行的起點——W左邊V字形的底部；我們將從這裡向上爬，經過冰河後，在W左邊頂點紮營住一晚，第二天沿原路下山，再轉攻W中間的頂點。登山前，我們三人合拍了一張相片，我高舉起登山杖，臉上盡是藏不住的笑意。

百內國家公園屬於巴塔哥尼亞高原，放眼望去是光禿禿的山，從局部看是一片荒野，有一種蕭瑟感。這裡海拔不高，沿途由碎石子、泥土、草地……鋪設而成，有些路段人跡罕至，地形陡峭，需要「爬」；有些路段經過河谷、山崖；往冰河的路上，還欣賞得到五顏六色的野花、碧藍的湖泊、瀑布、冰川以及覆滿白雪的山峰和無數條縱橫交錯的峽谷地形，非常壯觀。

當天氣溫在十度上下，對登山客來說算是不錯的氣候。在百內登山最大的好處是不用帶水，因為沿路都有甘甜的溪水，只要帶個空罐子即可。行前說明會一再提醒大家，此一行程的重點不是腳力而是耐力。

我們沿路一直交談，我也趁機訓練自己的英文會話及聽力；但越爬越累，彼此的對話越來越少，爬了兩個小時左右，我的雙腳隱隱作痛。初期我只認為是很久沒爬山所導致的痠痛，但越走越不對勁，尤其左腳腳踝和腳趾頭痛得要命，這才聯想到，會不會是租的登山鞋尺寸太小、太硬的緣故。由於第一次登山，直覺專業的登山鞋應該有其特殊設計，例如走起來比較輕鬆、抓地力比較強、有保護腳的作用……沒想到我租的鞋子完全不合腳，而我為了節省空間，把沒必要的東西全寄放在旅館，包括鞋子跟藥物，這下可慘了。

事到如今也沒辦法回頭，只能咬著牙繼續走。地圖上標示著到露營區約三點五小時，我一跛一跛地爬了五個多小時；不過，接近露營區前的路段有美麗的冰河相伴，這是唯一的慰藉。

終於，忍著腳痛的我，抵達第一晚設定的終點，但比預定時間晚了兩個小時。我趕緊搭起帳篷，坐在篷外的大石頭上，脫下不合腳的登山鞋，讓受壓迫的雙腳得以舒緩。我看一下左腳，腳趾頭已經發紅，腳踝則破了皮，「這還有辦法走下去嗎？」我皺著眉，心裡不無疑問。

露營區旁有清澈見底的溪水，我們帶了兩個小鍋子，一鍋煮飯一鍋煮料，小瓦斯爐火力很強，一下子就熟了。其實那個料就是速食料理包，一般超市都買得到，煮好直接淋到飯上即可；雖是簡單料理，但配上百內的芬多精與好友的笑聲，在深山吃到這種食物格外美味。

這一晚的露營區有十幾個帳篷，大家都打開手電筒，放眼望去，每一戶都像開著一盞燈，形成一片萬家燈火。海倫說她不太舒服要先睡了，萬物逐漸趨於寂靜，只有風在低溫中迴盪。

患難見真情

第二天起來，海倫咳個不停，肯定是山裡的寒氣加速病情，她說：「我得了重感冒，恐怕沒有力氣走下去了。」而我的腳傷在一夜之後也急遽惡化，連起身都很困難。

「你坐著休息好了，我來幫你整理行李。」海倫一邊咳嗽一邊幫我收帳篷，還說自己不要緊，那種打從內心關懷朋友的真誠，令我非常感動。

我們一起下山，而為了減輕疼痛，我嘗試用各種角度走路，但這麼一來，走路姿勢不正確，導致大腿痠痛，形成一個惡性循環，本來只有左腳痛，現在雙腿都極度疼痛，不得不硬撐，靠右腳的力量拖著走。沿路的背包客從我走路的樣子看出我的腳傷，不斷替我加油打氣，其中一個好心人甚至主動幫我揹背包，我們互不認識，他卻願意伸出援手，我感到很窩心。

我因腳傷走得非常慢，大概每十分鐘就得休息一下，羅德有既定的行程，不想被我牽絆，因此先走，留下我和海倫繼續奮鬥。

按說明會的行程，第二天下山要走五個半小時，應該會走到兩個V字形中間的位置紮營；但我花了八個半小時，卻只走到W左邊的底部，等於是回到原點，但天已經快黑了，看來行程是注定要拖延了，只好先在這邊的露營區紮營，再做打算。

這裡是少數公用的小木屋露營區，有供大家煮食的廚房，設備還不錯。由於外面很冷，大部分的人都跑到室內用餐、喝茶、交談。天色漸暗，從紮營區往四十五度角仰望，湖邊的那幾株大樹已成黑色，天空還帶著一抹冷綠色，不遠處的山峰在夜色中昂然聳立。突然之間，北方和東方的高山峰頂閃現一道粉紅加橘黃及金銅的光芒，過了好一會兒，這些山峰悄悄地隱去，天地間只留下最後一點光亮在天邊閃爍。

外面的風像一頭發了狂的野獸，咆哮個不停，小木屋內聚集了很多背包客，貼心的海倫見人多，幫我詢問誰有止痛藥，很多人紛紛過來表達關心，有人給繃帶、有人給藥物，大家都叫我不要再走了，這邊是原點，每天都有船可以回到公園的入口，在這邊待到明天早上後，直接回納塔列斯港養傷，不然再繼續走下去，傷勢只會惡化，而且中途就更無法回頭了。

我低頭不語，心裡拿不定主意，要就此放棄嗎？如果放棄，這是最好的地方；可是，一旦放棄就看不到百內塔了，我之後還有機會再來嗎？我不喜歡半途而廢，我想要挑戰自己的極限！況且，只要再撐一下，就能見到百內塔壯觀的景致；但是我的腳傷怎麼辦呢？傷勢已經不輕了，再走下去可能會嚴重拉傷，說不定要休息一兩個星期，那麼之後南美洲的行程得就全部延宕，這樣值得嗎？

翌晨，海倫感冒太嚴重撐不下去，決定跟我分道揚鑣。她將回到納塔列斯港的旅館休息，問我有什麼打算；我很掙扎，因為腳很痛，應該會走不完，但既然已經來了，我不想放棄。「我還想走！」我決定，要走到不能走為止！

我們互道珍重，就這樣分開了，原本的三人行只剩我單獨一人。

世界頂端的吶喊

便車

因為腳痛，我不得不改變計畫，放棄W路線的中間段，改搭渡輪直接從W右側V字底部的登山口入山，希望至少能看到百內塔。

從下船處到右側的登山口還有一段距離，以我目前的速度，步行大概要走三個多小時，而我想節省體力，所以打算碰碰運氣，攔車搭便車。

我一拐一拐地走，筋疲力竭，不服輸的個性不斷賜予我向坎坷環境挑戰的能量，越是難走就越堅強。走了半小時，一部廂型車從身旁呼嘯而去，我根本來不及攔車，看著車的背影，有點心酸，但我還是帶著微笑跟他們揮揮手……

沒想到他們卻停下來了！

女主人下車往回走到我旁邊，看我步履蹣跚，親切地問：「你要不要搭便車？」頓時一股暖流穿過心頭，彷彿看見一道曙光，我連忙道了好幾個謝，並在她的攙扶下上車。

她叫塞西莉亞（Cecilia），先生叫羅伯（Robert），來自智利第二大城康塞普森（Concepción）的他們正是要去看招牌景點——百內塔，他們將開車到W路線右下角的登山口，入住那邊的小木屋，隔天早上直接從小木屋走到百內塔。

塞西莉亞給人的感覺很熱情、很謙虛、很友善，她怕我覺得無聊，一路上教我念西班牙文，我說：「西班牙文好難學，尤其是彈舌音，我怎麼樣都發不出來。」塞西莉亞說：「一點都不困難，來，你試著念我先生的名字看看。」但我完全念不出來，「羅伯」這個單字開頭的R，就是一個超難的彈舌音，他們很可愛，為了要證明這其實一點都不困難，還發了一個長達十秒的彈舌音給我看。

他們也問我很多英文的用法，我們比手畫腳地談百內國家公園、談羊肉、談智利這個國家。

塞西莉亞提到她哥哥在納塔列斯港經營餐廳，店內的招牌菜正是巴塔哥尼亞高原最

塞西莉亞與羅伯夫婦，是百內旅途中最溫暖的回憶。

有名的烤羊排，她在我的筆記本寫上自己的名字、她先生的名字、她哥哥的餐廳地址和電話，她說，下山後可以到那家餐廳找他們，她哥哥烤的羊排相當好吃，她還在我的筆記本上畫了一隻羊，跟我解釋烤羊肉的不同部位。

「只能載你到這裡了！」而我想要趁著天黑前再往上多爬一點，這樣明天我就可以少走一點路，跟他們道別後，我繼續往登山口前進。

眼前的泥土路向遠處的山峰延伸，這是一片緩坡，我拄著登山杖，一步一步辛苦地走著。

「喂！」聽到有人大喊，我抬起頭，看到有人正滿臉笑容地向這邊跑來。

「啊，亞當！」我們忍不住興高采烈地一把抱住對方。「也太巧了吧！到哪邊都會遇到你！」「哇塞！」亞當馬上把我教他的「哇塞」用出來。

「兄弟，你還好吧？看你的表情好像有點辛苦。」我把受傷的經過告訴亞當，他聽了有點擔心，「要不要乾脆就回去休息呢？這邊離登山口還不遠，在山腳下休息一下，明天就可以搭車回去，不然我怕你的傷會越來越嚴重。」

「沒關係啦，我這邊還有止痛藥，吃了就不會痛了，我要走到連一步都走不動為止。」對於自己的目標，我會非常任性地堅持。

由於彼此都還要趕路，也沒時間多談，我跟他揮揮手，目送他下山。這偶然的相遇，讓我已經精疲力竭的心稍微充了電。

我的褲管因為爬山刮到砂石而破損，膝蓋處也破了一個洞，仍得繼續走，還有約一小時才到達我今晚設定的露營區。好不容易到了營地，想不到當晚偌大的露營區竟然只有我一個人，周圍空蕩蕩的，黯淡的月光，加上樹枝被風吹出的沙沙聲，令人毛骨悚然，通常露營區會有個管理站，不過這邊的管理站不但沒人，而且感覺像個廢墟，後來才知道這季節比較少人到此紮營，所以管理員休息去了。

我停下來紮營，靠著旁邊的溪水煮了義大利麵，經過這幾天的訓練，我已能獨自煮出雖不豐盛但堪吃的食物。

剛吃完晚餐，黑暗迅速籠罩大地，整個營地黑漆漆的，我胡思亂想，會不會有殺人魔？會不會遇到狼群？會不會有熊？越想越害怕，直到一個小時後，來了一組美國登山客，我才稍微安心些。

晚上風很大，旁邊的樹被狂風吹得天搖地動，兩位美國登山客吃完晚餐後早早就寢了，一個人在荒山野嶺，有著強烈的孤獨感。

我睡不著，走到帳篷旁積滿落葉的木桌，用手撥出一塊空間，坐在桌上，那兩位登山客說，智利是一個可以讓孤單的感覺變得清晰的地方；在智利南端，不管隨行的有多少同伴，你仍是一人來到世界盡頭。面對著高聳的山脈，我體會到孤獨的壯闊與森冷，看著磨破的褲管，我發著呆，目標就在眼前了，百內塔，明天我就能揭開你神祕的面紗，應該能成功吧？

吃下睡前的止痛藥，側著身，聽著百內的狂風在帳篷外演奏著激昂的樂曲，降到極弱的短暫寧靜後，又升成狂熱的漸強。

世界頂端的吶喊

隔天早上起床，那兩位登山客已經走了，露營區又剩我一人。

今天早上的天氣看起來不太妙，大片灰色的雲低低地籠罩下來，彷彿伸手可及，峽谷裡還飄著細雨。這是一座典型的灰色山谷：飛揚的塵土是灰色的，河床裡的石頭是灰色的，兩旁的山坡是灰色的，坡上糾結的砂岩從頁岩中突出來，看起來很像史前怪獸的骨骸。

這時天氣開始不穩定，突然間，一陣大雨淅瀝嘩啦下起來，放眼望去全是一片霧，什麼都看不到，我的腳傷每況愈下，不得不吃下最後一顆止痛藥；八點半，我拄著登山杖繼續前進，地圖顯示從露營區走到山頂要一個半鐘頭。

經過快兩個半鐘頭，眼前是一段將近六十度的陡坡。它根本稱不上是路，只是一堆石頭，得手腳並用地一腳踩著石頭、一手扶著石塊才能「攀爬」過去，由於沒有明顯的路徑，感覺更恐怖，我蹣跚地沿著標示的記號緩緩地前進，手腳並用，深怕一個不小心就會滾落山谷。

忘記爬了多久，眼前忽然出現一塊木製的標示牌——end of trail（步道的終點），我大力吸了一口氣，天啊！終於到了！這邊就是步道的終點了！而眼前就是我期待已久的百內塔！我懷著期待的心情抬頭一看……

什麼都沒有！眼前的一片白霧，惡狠狠地遮去了我辛苦的目標！

怎麼會這樣？

不行！我不甘心！我要等到霧散去！

等著等著雨勢變得更加猛烈，想不到接下來竟然下雪了！雪花跟沙塵在空中翻飛，這景象看來有種詭譎的美感，但我只感到莫名的憤怒，「老天爺，你是在捉弄我嗎？」

我躲在一塊大石的背風面，在這小小的棲身地思考著我的下一步，要離開嗎？雪會不會越下越大？我如果被大雪困在這山頂該怎麼辦？可是我還沒看到百內塔，真的要下山了嗎？我這麼辛苦的忍著傷痛，就是為了看這百內國家公園的象徵，就這樣走了，以後會不會後悔呢？身上的細雪慢慢融化，漸漸潤濕了我的外套，像是在催促我趕緊下決定。

我的身體又濕又冷，天雨路滑，雲遮霧繞，我決定咬牙苦撐，跟老天賭一把。

十分鐘後，雪停了，太陽出來了，真是個神經病的天氣。這時，「百內塔」若隱若現，我有一點驚喜；再過一會兒，雲霧散去，三塊巨石構築的「百內塔」直聳地矗立眼前，那股震撼，難以言喻。

「我辦到了，真的辦到了！」我大聲吶喊著！頂端的視野非常開闊，我挺直腰桿，俯瞰四周，感覺自己好像站在世界的頂端！

這時有兩個登山客也爬上來，他們一眼就看出我的腳傷，貼心地問：「你需不需要幫忙？」經歷多雲、大雨、暴雪、放晴等詭譎的天候變化，飽嘗腳趾破皮、大腿肌肉拉傷、褲管破損的艱辛過程，我笑了，搖搖頭謝謝他們的好意，目前我最需要的是記下此時此刻的心情，「你們可以幫我拍張照嗎？」我露出陽光般燦爛的笑容，那是挑戰自己成功後發自內心最誠摯的笑容！

站在百內塔前面，我知道我不是在駐足旁觀而已，而是真實地在體驗生命的風景。

我很高興沒有輕言放棄，因為堅持才走到終點，我一直覺得，做什麼事都要撐到最後一刻，不然你永遠不知道會得到什麼結果；但只要盡力去做，老天爺會幫助你的。我坐在石頭上盡情享受眼前壯觀的景色，感覺整座山都屬於我，突然覺得自己變得好富裕。

那兩位登山客拍完照下山，接著又來了三個人，大概停留半小時又下山了，只有我一個人一直坐在大石頭上，用愉悅的心情品嘗這得來不易的「戰果」。我好不容易才走到這兒，真的，真的捨不得下山。

百內塔這三座鶴立雞群的山峰，像是三頂掛在天空中的皇冠，附近的山群則散發出無瑕的光芒，這種讓人心醉神迷的經驗往往會改變一個人，即便這樣的美景只維持了一陣子，可是埋在心中的震撼，卻是永恆的。

從百內塔回到登山口的路段是一條曲折不已的下坡，而我的左腳小趾變形，兩根腳趾破皮流血，令我痛不欲生。這時幸運之神再度眷顧我，一對英國父女停下車，看我腳痛沒法走路，直接載我回旅館，結束這趟痛苦、刺激又精彩的百內行。

當晚，珍、海倫、羅德跟我，四個在南極相遇又一起爬百內國家公園的夥伴，互相吆喝到餐廳，以開party的方式慶祝完成百內「壯舉」。在那邊遇到另外一群登山客，大約三十幾人，我們跟他們併桌，把酒言歡。餐廳擺了很多百內國家公園的照片，我們站在照片前，留下「舉杯，大家都是硬漢！」的照片。

回到旅館房間，我脫去沾滿血漬的襪子、破損的褲子，躺在久違的床鋪，心裡有說不出的感激，我永遠不會忘記一路上大家的幫忙，也不會忘記在山頂上度過詭譎的天氣，以及終於看到百內塔那瞬間的感動……

在步道終點留念，身後是聳立的百內塔。

塞西莉亞

充滿溫情的烤羊肉

離開前，我突然想起塞西莉亞寫在我筆記本的資料，她不是邀我去她哥哥開的店吃羊肉嗎？我靈機一動，決定去拜訪。我拿著地址問人，知不知道這家餐廳在哪裡？「直走就到了。」想不到這間店在當地還頗有名氣。

在店家門口，我一眼就看到塞西莉亞的車；往餐廳一望，塞西莉亞夫婦正在用餐，他們看到我十分驚訝，我立刻上前與他們擁抱。

她哥哥也是個熱情的人，馬上叫夥計為我準備一份烤羊肉和飲料，拍拍自己的胸口，意思是「我請客，不要客氣」。他們兄妹都有一種讓人感到親切溫暖的特質，即便是初次見面，也像認識多年的朋友般自然。

我早已耳聞巴塔哥尼亞高原特產的小羊排，今日終於得償夙願，還未入口，熱辣辣的香草味早已撲鼻而來，燻得微焦的內膜彈跳著油脂，我用刀一劃，噴出的肉汁濺到手背上，雖然燙手，我也不管了，剛劃開的切面呈現深玫瑰紅色，熱騰騰地冒著幾縷煙氣，其間隱約能看到滲出的肉汁，被烤出的油脂均勻地分布在羊肉表面，這樣的美食放在眼前，不趕快吃一口簡直就是犯罪！

我趕緊切下一塊放入口中，「天啊！太好吃了！」我不自覺地叫出來！「真的是太棒了！真的是太棒了！」我對著塞西莉亞跟她哥哥比出大拇指，完全不知道我怎麼會重複說出兩次一樣的話！

就在我們盡情用餐之際，隔壁桌突然有個客人「砰」的一聲暈倒了，現場一陣騷動，我馬上過去查看。他是個法國人，我用法文跟他的女性友人說：「我是醫生，讓我來處理。」他們像見到救星似地讓位。我搖搖他，問他哪裡不舒服，他冒著冷汗，意識有點不清，我猜是低血糖，趕快請塞西莉亞拿塊蛋糕給他吃，他吃了兩口蛋糕後情況才好一點，這時救護車來了，但他很固執，堅持不坐救護車，我們一直勸他，僵持了一段時間，整個事件才落幕。

塞西莉亞夫婦對我的表現豎起大拇指，「你很棒耶！而且為什麼你會講法文啊？」

「因為我曾在西非行醫，待了將近一年的時間。」我分享自己在非洲當替代役男的故事，跟他們比手畫腳地交談。

塞西莉亞說，全世界有上億人口，我們卻在同一天同一個地點相遇，這就是緣分，她有感而發地說：「你永遠不要改變自己的個性，我們喜歡你笑口常開。」她透露，當初願意停下車載我一程，就是因為從車窗外看到我的微笑；她也要我跟我爸媽說，他們有一個最棒的孩子，他們會永遠記得這個回憶。

旅程中的小幸福

在夜色中，我緩緩走向巴士站，車站冷冷清清，等車的時間顯得漫長；這時腦海閃過一個念頭——乾脆在這裡多留一天吧！但已經很晚，也退房了，「你真要去見他們嗎？再過二十分鐘車子就要來囉！」我再問自己一次。「對！我想再跟他們多相處一會。」我心裡的答案很肯定，我決定回去餐廳碰碰運氣。

沒想到走出公車站轉個彎，卻遇到了塞西莉亞夫婦，他們正走進一家商店，我叫住他們，他們也很訝異，真是太巧了，如果我晚一秒鐘來，他們走進去，我們就再也見不到面了，也許這是上帝的安排！

他們幫我打電話給餐廳的哥哥，問他是否可以讓我借住一晚，他很阿沙力地說OK，我馬上趕回公車站，更換成隔天一早的車票。

今晚，塞西莉亞夫妻也要住這，屋內沒有多餘的房間，他在客廳的角落為我準備了一張躺椅，鋪上毛毯，空間雖不大，卻有溫馨的氣氛。斟了一杯紅酒，我們繼續在餐桌上閒聊，柔和暗黃的燈光，營造出一個恬淡幸福的氛圍。

隔日一早天還未亮，他們開車送我到公車站。路上一個人都沒有，但他們一點也不嫌早，我在車站門口再一次跟他們擁抱，掛在塞西莉亞臉上的，還是那一抹溫暖的微笑。

我家沙發借你睡

沙發衝浪

從納塔列斯港到聖地牙哥，車子沿著安地斯山脈向北直行，追著一望無際的地平線前進，歷經八個小時的車程，終於進入聖地牙哥。這是一個充滿現代感的大城市，有摩天高樓、時尚男女、滿街汽車，完全不同於巴塔哥尼亞的蒼涼。

來到聖地牙哥，我要嘗試人生第一次的「沙發衝浪」，這是現在最酷的旅遊方式。

「沙發衝浪」源於美國年輕人Casey Fenton，在他還是大學生時，曾得到一張四天後飛往冰島的便宜機票，但由於人生地不熟，不知道在冰島能玩些什麼，他也沒有足夠的錢住旅館，於是找到一份冰島學生的通訊錄，發出上千封電子郵件，主旨是：「誰家的沙發可以讓我睡一晚？」出乎意料之外的，二十四小時內他收到數十封回信，就靠著睡別人家的沙發一路玩到底，沒花任何住宿費，讓他度過一個非常愉快的假期。

這趟特別的旅程結束後，Casey Fenton決定創立一個「沙發客」網站，只要喜歡旅行、結交朋友且願意接待陌生人的網友，皆可上網註冊。這個平台使世界變成一個地球村，任何人都可以在這個公開的園地尋找你的下一張沙發，成為背包客的新天堂！

這是一個以英文為主的網站，每個人註冊時都會建立自己的檔案，包括照片、曾經旅行過的國家、喜歡的書、電影、音樂……這些資料能讓我們大概瞭解對方是個怎樣的人；而網友可從網路交流看出誰的回覆率高、誰家的評價好、誰的經驗分享吸引人、誰的興趣與你契合……當作是否借住的判斷依據。

在沙發衝浪的術語中，「沙發主」是指提供沙發的主人，而「沙發客」就是來借住的客人。沙發衝浪後來演變成不一定是睡沙發，有些可能是舒服的彈簧床，但如果家裡沒有多餘的空間，也可以共進一頓晚餐、一份下午茶，或者當導遊，傳授私房景點，做深入旅遊。

要如何找到好的沙發主呢？第一，「自我介紹」要吸引人，像我就描述自己是個有活力、愛熱鬧的醫生，而且會變魔術，還附上我在非洲變魔術的影片，這些特色會讓沙發主覺得你很不一樣；第二，是要善用「搜尋」功能，例如我要住「聖地牙哥」，輸入這城市就會跑出幾百筆資料，這不意外，因為這城市很大，而資料上有一些顯示，例如沙發數（若寫三張沙發，表示可以提供三個人住宿）、天數……你可以依資訊挑選自己的需要；第三，要及早聯絡，沙發衝浪不可能今天聯絡明天就住，要看對方有沒有空，通常需要至少一個禮拜的準備時間；第四，你必須同時詢問好幾個沙發主，如此一來，得到住宿的機率才會高。

「沙發衝浪」的優點是省錢，缺點是比較不自由，得配合對方的作息，例如他們十一點就寢，你就不好意思凌晨一點多才回來；另外得遵守別人家的規矩，注意基本禮貌，東西不能亂丟，住旅館可以隨心所欲，當沙發客就不行。

我在搜尋聖地牙哥的沙發主時，找到了馬堤（Mati），他是一位二十幾歲的年輕人，網路上的照片很有趣、回答問題很幽默、網友的評價也滿正面的……根據這些資訊，我想他應該是個熱情且經驗豐富的沙發衝浪客，便寫了一封訊息過去，他很乾脆，一口氣答應讓我住三天。

馬堤

我轉搭公車，照著馬堤給的地址，找到一棟坐落於住宅區的白色建築，這時一樓大廳的管理員出來，「找誰呢？」他用西班牙文詢問。我拿出寫著馬堤名字與地址的紙條給他看，「好的，馬堤有跟我提到這件事，不過他還沒回來，你先在這邊等一下。」過一會兒，來了一個揹著大包包的捲髮男生，他看我也揹著登山包便問：「你該不會是來借宿的吧？」我不知道有其他人，驚訝地反問：「你也是嗎？」

他叫迪亞哥（Diego），是義大利人，在南美洲已經玩了四個月，全都是「沙發衝浪」式的住宿，他要在馬堤家借宿四天，這樣的經驗，讓我對今晚的沙發衝浪更加期待。

五點半，馬堤出現了，是一個瘦瘦高高的大男生。剛見到面，還來不及打招呼，他便匆忙地說：「今天很趕，我跟同事有一場足球友誼賽，要不要一起去體育場？」我和迪亞哥互看一眼，很有默契的說「Yes」，有這難得的機會，當然要去啊！

馬堤剛從大學畢業，在一間大賣場工作，過著朝九晚五的生活，平常最愛的運動就是足球。南美洲跟非洲一樣，足球是最熱門的運動項目。

轉個彎，馬堤切入一條上山的小徑，原來他們比賽的場地在大學裡，這所大學在半山腰，我們面對著剛剛搖旗吶喊的球場，轉個身就可以鳥瞰聖地牙哥的夜景。

「沙發衝浪」的好處，就是看得到很多非觀光客去的私房景點。比賽完，馬堤開車載我們去看他的「祕密景點」。那塊空地上堆滿木頭，乍看之下並不起眼，我們順著他的腳步，忽然眼前一片寬廣，視野豁然開朗，「哇塞，這夜景好棒！」我大聲驚叫。「我念大學時喜歡買幾罐啤酒，跟同學來這邊看夜景。」馬堤說。

接下來他開車帶我們繞市區，隨著車上的搖滾樂甩尾，穿梭在大道小巷，他告訴我們哪裡精品店林立、哪邊有最棒的私人派對、哪裡有漂亮的公園、哪間餐廳是他的最愛，我們在馬堤家附近的麵包店吃到了超好吃的墨西哥餃，這可是旅遊書上沒有介紹的美食喔！

馬堤的家不大，用目測應該不到二十坪，一房一廳一廚，很典雅的小房子，客廳放著兩張供沙發客睡的沙發床，和一台迷你音響。客廳外有個小陽台，正對著安地斯山，傍晚時分，夕陽把整座山脈映成一片紅澄澄的，好美。我們那幾天最常做的事情，就是把椅子搬到陽台上看夜景，音響播放著舒服的爵士音樂，配上一杯紅酒，人生還有什麼比這個更享受的呢！

Pisco-coke

Pisco-coke

我喝過很多酒，Pisco-coke是讓我很懷念的一種。

這一天我們沒有安排景點，所以搭了地鐵到市區漫無目的地地閒晃，在廣場餵鴿子，到公園看老人下棋……迪亞哥突然說，「我在離開沙發主之前，都會做一餐以感謝他的招待，」問我是否一起表示一下？

我直覺地認為每個義大利人都會煮義大利麵，就像我認為每個韓國人都會做泡菜一樣。「我想吃義大利麵！你應該會做吧？」果然，義大利麵真的是他的強項。

我們興高采烈地去大賣場採買醬料及麵條，回家後我變身小助手，在迪亞哥旁邊幫忙，他從冰箱挖出一些材料，搭配我們剛剛買的食材，熟練地弄出三盤香噴噴的義大利麵！

在馬堤回家之前，我們已經在桌上布置好義大利麵跟紅酒，正當迪亞哥準備拿起桌上的紅酒品嘗時，卻被馬堤阻止了，「來來來，到智利一定要喝這個才道地！」他從櫥櫃中拿出一瓶酒，「這個叫做Pisco，是我們智利的國酒！」接著拿出一瓶可口可樂，同時倒入桌上的酒杯，「這叫做Pisco-coke，是智利人最愛喝的雞尾酒，濃淡比例自己調。你們知道嗎？由於我們太愛喝Pisco-coke，智利竟然是世界上可樂銷量排名第三的國家！只輸給第一名的美國，跟第二名的墨西哥。」

馬堤拿起調好的Pisco-coke，一口氣乾了一杯！「祕魯人一直跟我們爭，說Pisco是他們的國酒，但明明就是我們的。」

他說，「你也可以用Pisco配檸檬汁，酸酸的很好喝，我幾乎當開水天天喝。」馬堤興高采烈地推薦著。

我跟迪亞哥也跟著調起了Pisco-coke，我不敢喝太濃，所以加很多可樂，小酌一口，「嗯！好喝！」

深刻的體驗

馬堤跟我一樣是個人來瘋，在聖地牙哥的三個晚上，每天都幫我們安排不同的活動。第一晚他邀請了三位他的好朋友來家裡喝酒，其中有一位對紅酒很有研究，還帶了一瓶智利產的紅酒跟我們分享；智利的紅酒近年來備受矚目，與美國、澳洲及阿根廷的國產酒並稱為新世界葡萄酒，品質頗受肯定。他朋友鉅細靡遺地跟我們介紹智利每個產地生產的葡萄酒，我聽得津津有味。

第二晚，我們去拜訪一位做服裝設計的朋友；最後一晚，他帶我們去一位做ＤＪ的朋友家。這朋友很帥，一舉一動都充滿明星架式，房子是一棟三層樓豪宅，二樓的工作室有電吉他、電子鼓跟ＤＪ台，我坐在一張舒服的沙發上，聽著他自己混音的音樂，彷彿身處時尚電音派對。

他似乎還覺得不過癮，跟馬堤說：「走，我帶你們去我朋友開的夜店。」上了馬堤的車，我們跟車來到了聖地牙哥夜生活的重鎮——Bellavista區，車子在一間民宅前停下來，嗯？這裡看起來一點都不像夜店啊，馬堤看起來也有些疑惑，他的朋友打了通電話，忽然門一開，重重的節奏傳出，帶著我的心臟同步跳動，吧台前三張玻璃的高腳椅，橘紅深綠的雷射交叉，想不到這扇破舊的大門內，竟是如此時尚的夜店！

最後一天早上，我把鑰匙還給馬堤，臨走前，馬堤拿給我厚厚一疊A４紙，翻開來一看，竟然是介紹紅酒的資料！我很驚訝，原來第一個晚上我們討論智利的紅酒時，我很感興趣，想不到他朋友居然把這件事放在心上，趁這兩天找足資料影印給我；旅行讓人印象深刻的，往往是這份貼心，而這也是沙發衝浪迷人之處。

Chapter 4 祕魯

天竺鼠大餐

世界的中心

我暫時離開智利，來到祕魯這個觀光資源豐富、免簽證且最多人旅遊的南美洲國家。祕魯有相當多值得探索的地方，印加古都庫斯科（Cusco）、高聳於兩千四百公尺山脊上的馬丘比丘（Machu Picchu）、的的喀喀湖（Titicaca Lake）的蘆葦島、世界最大的雨林地亞馬遜河，還有沙漠中神祕的納斯卡線（Nazca Lines）。老實說，這趟旅行直到祕魯，我才有到了南美洲的感覺；比起之前三個國家，這裡相對落後；走在街上，看到的多是荒廢的房舍和髒亂的街道。

我先到智利的首都「利馬」，不過只在此待一晚，重點是經過利馬到有「世界的中心」之稱的庫斯科。

庫斯科坐落在聖谷（The Sacred Valley）中，被安地斯山脈環繞，是古老印加帝國的搖籃。

我相當喜歡庫斯科這個城市，前後總共在這邊待了四天，沒有特定目的，只是隨興地在這個有歷史的古城中漫步着，走進老屋探險、在市集裡閒逛、坐在路邊望著眼前去來的人，有人說：「旅行的無聊程度，恰與行進的速度成正比。」所以我喜歡慢慢地走，靜靜地去體會每一個城市的脈動。

庫斯科最引以為傲的是石造建築工藝，其中以不同形狀緊密鑲嵌的十二角石的城牆最著名。在殘存的日光下，我穿梭於幽暗的窄巷，在我上方，赫然聳立的高大石砌或木造房屋，都是有好幾世紀的屋齡了，如果旅行一如某位法國哲學家所言，是造訪其他世紀的方式，那麼庫斯科所提供的將是一場壯闊的歷史之旅。城內處處可見印加遺跡，歷史的軌跡就默默地藏在我所踩踏的石頭裡，而四周的城牆守著許多不為人知的祕密。

跨過幾個街區，拾級而上，居高臨下，密密麻麻的紅磚瓦屋，呈現錯落有緻的美。傍晚時分，夕陽在天際抹上最後一抹嫣紅，不一會兒，天黑了，城市亮起泛黃的燈光，看起來古色古香。

天竺鼠大餐

武器廣場是整個城市的中心，我走進廣場旁一條賣小吃的街道，想像著今天的晚餐。這裡的店家為了搶生意，服務生喊得特別賣力，「逆好嗎！」他用不標準的中文跟我打招呼，「來喔，這裡有全世界最棒的美食！」看在他這麼辛苦的分上，就挑這家吧！

我選擇可看夜景的窗台坐下，趁點餐前拍幾張對街美麗的夜景。服務生很有禮貌地送上菜單，我看了一眼，「Cuy」這個英文字馬上吸引我的目光！它是祕魯著名的料理，來這兒一定要吃這道美食，但我心裡有點猶豫，因為Cuy並不是我們平日常吃的牛、羊、豬、雞，而是「天、竺、鼠！」

我手指著菜單上的Cuy，眼中帶著一絲害怕，抬頭問服務生，「這……這個……好吃嗎？」

「Cuy? Good! Good!」服務生大力點頭。我半信半疑，但既然來了，就點下去吧！

過一會兒，天竺鼠上桌了。這道料理的作法是將天竺鼠抹上調味料，放進油鍋炸得酥酥脆脆，再搭配羅勒醬食用。但眼看著餐盤上躺著一整隻炸的天竺鼠時，我還是本能地拉開座位站起來，尤其是看到那顆頭……

這時廚師出來了，他叫奧斯卡（Oscar），看我是亞洲人，桌上還擺著一本介紹南美洲的旅行書，便主動過來打招呼，「會不會切？需不需要協助？」我指著天竺鼠表現出畏懼的神情，他反而豎起大拇指說Good，好吃。我搖搖頭，面有難色，他主動把它切成十幾塊，「要蘸醬汁才好吃喔！」他示範給我看，我在奧斯卡的鼓勵下，硬著頭皮吃下一塊。

咦？其實肉質很鮮嫩耶！這味道吃起來像炸雞，而且是很嫩的炸雞！只是在啃頭的時候，看著牠的雙眼，我還是有點心理障礙……

奧斯卡拉開椅子在我對面坐下，我用破爛的西班牙語跟奧斯卡交談，我們談到祕魯的美食，他說：「我們祕魯的食物在南美洲可是數一數二，其他國

祕魯道地的天竺鼠料理。

家的人都特地跑到祕魯來吃美食呢！」

「我也覺得祕魯的食物很好吃，你們是不是有什麼祕方啊？」我用叉子叉了一塊天竺鼠放入口中。

「有。」他起身走進廚房，拿出幾株我不認識的香料，「我們祕魯人很重視吃，單單香料就有一百多種，這些香料調和出祕魯菜餚的多樣性。」

「哇，一百多種，也太多了吧！」我相當驚訝。

奧斯卡說，他開店前都要去採買當天的食材和香料，包括天竺鼠，「如果你有興趣，要不要明天跟我一起去市場？」哇塞，有這種意外之行，我求之不得啊！於是兩人相約明天早上七點在餐廳碰面。

傳統市場

晨曦中，我隨著奧斯卡的腳步走進傳統市場。市場早已人聲鼎沸，嘈雜的叫賣聲跟攤販小孩的哭聲混在一起，這場景跟台灣很像。

市場內分成生食區、熟食區還有服飾雜貨區。奧斯卡先帶我看生食區，「因為那邊有很多香料及食材。」

細長的走道兩旁堆滿了及腰的大塑膠袋，裡面裝著千奇百怪的樹葉、植物、直徑三十公分的大型瓜類，還有各式各樣、奇形怪狀、五顏六色的馬鈴薯。哇，好壯觀！

祕魯的馬鈴薯世界聞名，曾有美國的科學家研究發現，祕魯南部是馬鈴薯的發源地，全世界有五千多種馬鈴薯，其中三千多種在祕魯境內。老一輩的祕魯人說：「雖然祕魯很窮，但不會餓死人，因為我們有馬鈴薯。」我看著面前那堆積如山的馬鈴薯，心想：「這句話是真的。」

奧斯卡一下子拿起塑膠袋內幾顆不起眼的果實，比手畫腳地告訴我這果實該如何料理；一下子又指著攤位上彎彎曲曲的小樹葉，嘰哩呱啦地教我如何用那幾片樹葉調味出經典的祕魯美食，有如鄉巴佬的我一直拿著相機拍照，記錄下這些在台灣難得一見的香料。

接著他帶我到市場旁一處長期跟他們合作的批發商買天竺鼠，這是一間民宅，屋裡

帶著廚師帽的奧斯卡。

有很多裝天竺鼠的籠子，奧斯卡約略估計當天Cuy的量，買了七隻。

最後我們晃到了熟食區，許久沒有吃到中國料理的我點了一碗雞湯麵，「哇！好濃的湯頭！」這讓我想起家鄉的口味；我再跟老闆點了一杯Chicha，這是「紫玉米」所榨出來的果汁，酸酸甜甜的，後來成為我在祕魯最喜歡的飲料。

祕魯人很愛喝果汁，隔壁的果汁攤位，一眼望去都是本地人，他們最喜歡在一大清早點杯果汁配報紙，一坐就是好幾個小時，是一種很悠閒的感覺。我拉出一張木板凳坐下，裝模作樣地拿起西班牙文的報紙，吃力地尋找著認識的單字，喝了一口果汁，回想起小時候媽媽打給我們喝的果汁，忽然有點懷念，是鄉愁嗎？

我似乎想家了。

消失的城市

天空之城

看過日本動畫大師宮崎駿電影「天空之城」的人，一定對那座飄浮在雲端的空中城堡印象深刻，據說這座空中城堡就是以「馬丘比丘」為範本畫出來的。相傳馬丘比丘是一個與世界脫離的地方，建構在人煙罕至的叢山峻嶺中，自然的天險屏障使其三面陡峭，懸崖絕壁的頂上築有神壇、宮殿、梯園等精巧的石造建築，又名「消失的古城」；西元一九一一年被考古學家意外發現後，才揭開她神祕的面紗。

從庫斯科到馬丘比丘有兩種方式，其一是最有名的「印加古道」（Inca Trail），就是當時遺留下來的驛道，要走四天三夜，這條路曲折巔簸，比百內國家公園的W路線還難走，不過百內國家公園沿途有冰河和漂亮的山景，而「印加古道」一片荒蕪，只有零星古蹟。但走過「印加古道」的遊客都說，歷經四天三夜的長途跋涉，一步一腳印地體驗前人走過的路，格外有意義；而到達終點後，由高處往下看，蒼翠陡峭的山峰從四面八方拔地而起，那感覺會讓你永生難忘，絕對值得。

第二種方式是搭火車。列車從庫斯科出發，經過Ollantaytambo站（以下簡稱Oll），最後抵達馬丘比丘山腳下的「熱水鎮」（Aguas Calientes），列車沿河谷行駛，一邊是陡直峭壁，一邊是奔騰洶湧的烏魯邦巴河（Urubamba River），一路高山縱谷，典型的安地斯風貌，讓人捨不得闔上眼睛。

我選擇的是一個比較划算且可以看到不一樣的風景的方式：從庫斯科搭計程車到Oll，再從Oll坐火車到熱水鎮。這路線價格便宜，只是到Oll的計程車沒有招呼站，要問當地人才行。計程車大部分採「共乘制」，只要滿四人就可以出發。我那時跟一對來自美國的情侶擠在後座，破舊的計程車內悶熱不堪，我們一邊欣賞聖谷風光，一邊搖啊搖，搖到Oll車站。

在Oll，我順利搭上往熱水鎮的火車，到達時天已經暗了。今晚同房的韓國人也是單獨前來，他是個很開朗的人，目前在美國念大學，利用假期來祕魯旅遊，我們相約隔天一起上山。

馬丘比丘

安地斯山脈深處，清晨寒氣逼人，熱水鎮仍在沉睡中，但公車站卻已燈火通明。我們起了個大早，想趕五點三十分的頭班公車上馬丘比丘，這樣就可以好好地感受山城的幽靜和神祕，並且避開中午湧入的人群。

不料車站早已大排長龍，天空一片漆黑，還飄起密密麻麻的小雨。

公車沿著Z字形的山路蜿蜒而上，路程約二十分鐘，越接近山頂我越期待，在山頂等著我的，會是個什麼樣的驚奇呢？

穿過園區大門，看到的景色竟是一片白茫茫……四周被濃煙般的大霧籠罩著的馬丘比丘，什麼也看不見！

「不會吧！又跟百內塔一樣！」為什麼我總是遇到這樣的情況！

「走吧，我們先去瓦納比丘（Wayna Picchu），晚點再回來看看。」室友說。

也只能這樣了。我們戴上防雨夾克的帽子，冒雨沿著石板小道向上攀登。

瓦納比丘是馬丘比丘旁邊的一座小山丘，山頂的視野很寬廣，可以俯瞰馬丘比丘的全景。其實我對瓦納比丘並不期待，因為在網路上看到的圖片都很普通，想不到，親眼目睹卻是出乎意料的震撼！

從瓦納比丘往下看，馬丘比丘被印加聖河烏魯邦巴河及叢山峻嶺包圍著，前後左右都是深及溪谷的懸崖跟垂直下切的岩壁，古印加人就這樣硬生生地在綠色的山丘上造了一座城；面對這山頂上的孤城，每個人都會感覺自己的渺小，都會有一種發自內心的崇敬！這種體會無法用言語形容，簡直讓人起雞皮疙瘩！

走回馬丘比丘時，霧已經散去了，我穿梭在這印加帝國的古城中，摸著布滿青苔的石牆，無法想像，當時印加帝國的人民是如何在崎嶇的山路建造出如此完整且輝煌的城市？這座古城幾乎都是由石塊堆疊而成，石梯、石牆、梯田構成了主要的線條，氣勢雄偉，遺址中有各種神殿、住所、學校，廟……甚至還有精良的排水系統，牆壁的構造相當完美，杵臼式的接縫處連一把刀都插不進去，這些數量龐大的石塊，到底是如何切割？如何搬運到山頂？如何組合？那石材如同堆積木般砌出的建築體，鑲嵌得天衣無縫，砌石技術讓人不得不佩服印加人民的智慧。

我爬上「守衛者的小屋（Watchman's Hut）」，坐在石頭上默默欣賞這偉大的印加傳奇，品味著謎一般消失的城市，想像著他們還在此地生活的情景……意猶未盡，直到管理員的聲音把我拉回現實，「先生，不好意思，要關門囉！」

夜幕低垂，大家都得下山了。

我起身，回頭望一眼馬丘比丘，這城市的沉默、內斂、隱密以及逝去的光華，我靜靜地感受，生怕驚醒了這睡夢中的古城。

漂浮的蘆葦島

蘆葦島

從馬丘比丘回到了庫斯科，我南下到普諾（Puno）鎮，一探美麗的的的喀喀湖（Titicaca Lake）。

抵達普諾鎮是第二天的凌晨四點半，公車站內已有旅行社的工作人員在等我，他們先接我到一家旅館大廳等候（我趁機補眠），直到八點，整團的旅客集合完畢，再一起前往普諾的碼頭搭船。

我們這一團有十幾人，來自世界各地，大家都嚮往的的喀喀湖上最具特色的「蘆葦島」。

顧名思義，這是由蘆葦編織而成的浮島。據說很早以前，此地的原住民烏魯斯

（Uros）族人為了逃避戰火，到湖上建造了一座座屬於自己的島。蘆葦島是由一種名叫Totora的蘆葦草所製成，首先將較綿密的蘆葦草根部編織在一起，再運用湖內盛產的蘆葦，一束束交叉紮緊，層層交錯地往上搭建。雖然較下層的蘆葦泡水過久會腐爛，但族人們會隨時鋪上新的蘆葦層補強，如此周而復始，使他們的家園可以永久漂浮在水中，形成非常獨特的蘆葦島。

「來吧，大家上島吧。」

浮在水上的這一堆草，真的可以站人嗎？會不會走兩步就踩穿掉入水裡？

大部分的人都輕輕地走，我躡手躡腳地走了兩步，咦，還好嘛！感覺很像踩在柔軟的床墊上，「你們看！沒事的！」導遊在島上又跳又叫；聽說，這蘆葦如果束紮得不夠結實緊密，真的可能一腳將島踏穿呢！

這裡蘆葦纖維多，可以生吃，導遊拿了一些新鮮蘆葦請大家嘗嘗，大夥躍躍欲試，「滋味如何？」有人說像吃草，有人說像吃沒削皮的老蘆筍，我倒覺得像吃橡皮筋。

我們四處逛逛，不少人在島上種植馬鈴薯和蔬菜，有人捕魚、養牛、養羊、養豬，過著自給自足的生活。島上有商店，不過能幹的婦女則做手工藝品販售給觀光客，以增加收入，是另類的個體戶；此外，較大的島上還有用茅草蓋的小學，校園約兩個籃球場大，但也只有小學，如果孩子想繼續升學，得搭一小時的蘆葦船到普諾鎮上唸書。

蘆葦島上可說麻雀雖小、五臟俱全。他們有電視看，發電使用太陽能板，除了沒有網路外，整體生活其實跟得上現代化的步伐。

島居生活

這趟行程的特點是要住在島上的寄宿家庭中。阿曼塔尼島（Amantani Island）距離普諾有一段路，遊客相對較少，島不大，沒有公車、汽車、摩托車，對外的交通工具就是自家編的蘆葦船。

抵達阿曼塔尼島已是下午一點，遠遠的，我就看到港口上站了一排穿著傳統服裝的印地安原住民等著迎接我們，他們就是寄宿家庭的主人。

我的寄宿爸爸是個靦腆的中年人，他帶著印地安那瓊斯戴的牛仔帽，一句英文都不會說；和我住同一個寄宿家庭的是一位韓國女生，一樣屬於話不多的人。

從港口走到住宿家庭只有幾分鐘，四周非常寧靜，不時出現小雞小羊，還有好奇偷看我們的小孩。當我開口跟他們打招呼時，膽怯的小朋友拔腿就跑。

寄宿家庭的房子很簡陋，廁所在屋外，庭院有用大石頭堆砌起來的矮圍牆，我們住的二樓以紅磚砌成；一樓的牆壁是用泥土和稻草加以攪拌而成的，廚房有炕，燒水煮飯用竹子木材當燃料，像是台灣三〇年代的農村社會。

我們的午餐是八條水煮馬鈴薯和一顆煎蛋，第一眼看到的時候還滿吃驚的，原來這就是真正祕魯居民的午餐，如此的清淡且單調，即便有湯，也是薯泥加紅蘿蔔丁，吃起來並不可口。用餐時，只有男主人作陪，女主人則蹲在廚房的炕邊吃，看得出來這是一個「男尊女卑」的社會。

旅行社還特地為我們安排晚會，本來以為是要去那邊看表演，想不到寄宿爸爸叫我們換上他們準備的祕魯傳統服裝，和所有住宿家庭同歡；有人吹排笛，有人彈吉他，我們圍成一個圈圈，隨吉他旋律跳著現學現賣的傳統舞蹈，我們跟著強烈的吉他節奏繞著圈盡情地跳，寄宿爸爸聽著音樂也放開了，拉著寄宿媽媽隨著旋律奔放……

十一點了，有些人累了先回去，愛熱鬧的我則留下來跟樂手們聊天，他們拿出私釀的酒，掺些雪碧，這是的的喀喀湖上的特調，配上微涼的晚風，在這偌大湖中的寧靜小島上，我靠著活動中心的牆，在微醺的醉意中仰望星空，享受著這難得的一夜。

隔天我們前往塔其耶島（Taquile Island），並在制高點上用午餐，這次終於可以不用再吃馬鈴薯了，我馬上點了一份香噴噴的烤魚，跟西班牙夫妻一桌，他們相當熱情，我就愛這種西班牙式的熱情，一邊吃著美味的烤魚，一邊欣賞著映在湖面的美景。

環顧四周，一片片有層次的高山上散布著住家，大部分是竹籬茅舍，放眼遠望，眼前像海一樣的的的喀喀湖，除了藍，還是藍。

傳說中，的的喀喀湖是古印加神話的發源地，印加人相信，在湖底有個可以通往世界任何一個角落的地底通道，他們的共同祖先，就是在神的旨意下從湖底出發，前往祕魯的庫斯科，建立了威震一方的印加帝國。

眼前這如鏡的湖水底下，那湛藍的深處，是否真的有一條神祕的水底通道呢？我不知道，不過我想湖上的島民們大概也不在乎了吧，只要能每天開開心心地唱著歌，跳著舞，望著湖面發呆，已經是最棒的生活了……

勇闖亞馬遜

伊基托斯

結束普諾的行程後，我回到庫斯科，從庫斯科搭飛機到利馬，再從利馬往東北方飛到伊基托斯（Iquitos），接著要一探「亞馬遜雨林」的奧祕。

伊基托斯是進亞馬遜河的入口城市，四周被河水包圍，除了坐船或搭飛機，沒有汽車和火車可以進來；與外隔絕的地理環境，也許是它仍能保持原始風貌的原因之一。

抵達伊基托斯時接近中午，一下飛機，印入眼簾的是充滿叢林風味的機場，空氣中也瀰漫著叢林的味道，環繞著機場的闊葉樹，呈現典型的熱帶風情。

我在機場叫了一台計程摩托車，即將深入亞馬遜的我，似乎已經感染到叢林的野性而熱血沸騰，樂不可支地跟司機亂聊，從叢林猛獸、熱帶水果，多變氣候……越講越遠。不管懂不懂，我就是任性地想要了解這個城市的每一面。

「你們都吃些什麼？」我好奇地問。摩托車一路空嚨空嚨晃到市中心的武器廣場，他指了路旁的一個沒有桌子的小吃攤，一群人手拿著碗，就坐在椅子上津津有味地吃著，沒搶到位置的，就只能站著吃了。

我點了滷豬肉、豆子跟炸香蕉，搭配白飯；司機則是吃炸魚和豬頭皮，我本來擔心味道會很怪，但出乎意料的好吃！

今晚下榻的旅館外觀看起來還好，不過進到旅館後我整個傻眼，昏暗的燈光，油漆剝落的牆壁，沒有熱水的浴室中，只有一個泛黃發霉的三〇年代瓷磚浴缸。穿過陰暗的走廊，來到指定的房間，一打開門，又讓我啞口無言，悶熱的霉味撲鼻而來，老舊的床鋪從中央凹陷，簡直就是吊床。我的室友是一位留著亂七八糟大鬍子的日本人，那間雙人房只有電扇沒有空調，我們兩個大男人流著汗，聊著旅行中遇到的趣事，隔天他就要搭乘亞馬遜河的渡船前往巴西，而那是一趟七天的辛苦旅程。

下午我在市中心閒晃，主要是尋找亞馬遜河的行程。

街上的旅行社不少，行程的選擇也很多，但大部分都是旅行團。我並不想跟團，而想找一個真正在雨林中長大的導遊，以一對一的方式帶我進亞馬遜河，介紹我認識他的朋友，參觀他的村莊，在他長大的地方踢足球，這才是真正的叢林體驗。

我在街上找到一家旅行社，它的招牌一點都不起眼，破爛的房子，不是很亮的日光燈，屋內裝潢簡單，只有一張桌子、一支電話、一個人跟四面牆——真正的家徒四壁。

我跟老闆提出四天三夜的旅遊要求後，他撥了幾通電話，找到一名叫朱立安（Julian）的男生，開出包含吃、住、玩、導遊費，一天四十五美金的價錢。這價錢在我的預算範圍內，我們就這樣敲定了。

隔天一大早朱立安到旅館接我。他個頭不高，二十歲出頭，皮膚黝黑，看起來就是個在叢林長大的小孩；由於在利馬念大學，所以英文講得不錯，我們一起到河岸港口，坐上開往亞馬遜的快艇，開始我的叢林冒險……

叢林旅館

亞馬遜河是世界最大的熱帶雨林，而此時正值亞馬遜的雨季，水位高漲，快艇兩旁濺起的水花潑濕我的衣服，我的心情異常激動，因為「亞馬遜河探險」不再只是聽別人說的故事，而是此時此刻我即將要親身經歷的冒險！

順著望不到盡頭的亞馬遜河一路前進，伊基托斯離我們越來越遠。河面上瀰漫著濃霧，森林遍布，兩側偶爾會出現幾間小屋，加高的底柱與茅草屋頂，十足熱帶風味，遠處望去，有高大的樹木和小瀑布，偶爾看得到猴子在樹叢間跳躍，還有吊在樹上玩耍的小朋友和他們好奇的眼光。

歷時一個半小時，我們來到第一晚住宿的叢林旅館。

「這，太酷了……這就是我想住的百分之百亞馬遜風味的叢林旅館啊……！」

我眼前的這間旅館，有一半，泡在水裡……

一點也不誇張，黃澄澄的河水就這樣淹沒了通道，要是再下個幾天雨，我可能就要面臨躺在獨木舟上睡覺，一翻身就掉進亞馬遜河裡面去的窘況。

這旅館是間很大的茅草屋，有簡陋的大廳、廚房、公用的吊床休息室跟幾間客房，乾季時是彼此相通，但在泡水的雨季，想從我的房間走去吊床區休息一下，竟然還得要划船！這間旅館今天晚上就我一個客人，加上五六個員工，一行人就這樣住在泡水的旅館中，也是別有一番風味。

我卸下行李，穿上旅館提供的雨鞋，跟著朱立安探險。在亞馬遜河，不論去哪裡，唯一的交通工具就是「船」，要去遠一點的地方，就坐有馬達的快艇，比較近的行程，當然是划獨木舟囉！

我拿起槳，跨上獨木舟，我坐前面，朱立安在我身後，划船的過程中，不時遇到兩旁的樹枝彎到水面，阻擋我們的去路，我們撥開枝葉，低頭前行；在狹窄的河道上有時還會「塞船」，跟人家打聲招呼之後，「錯船」而過。

獨木舟順著水流穩穩地在河面滑行，兩旁的雨林不斷流逝，有時還聽得到水流咕嚕咕嚕打轉的聲音。划了三十分鐘的獨木舟後，我們在一個不知名的地方靠岸，放眼望去，樹很綠、天很藍、周圍很寧靜，掀開藤蔓踩著爛泥沿著小徑走去，森林深處傳來鳥聲蟲鳴，頗為喧囂，但循著聲音看過去，卻見不到任何身影，漫步熱帶森林，頗有「旅遊探險頻道」的感覺。

亞馬遜魔術秀

朱立安說要帶我去看他的老家，這途中巧遇他的叔叔，想不到他竟然是一位酒吧的老闆，酒吧的名字叫「蟒蛇」，是村裡唯一一棟漆成藍色的建築物，不但外觀華麗，店裡面天花板上竟然還掛著一顆「七彩霓虹燈」，超有fu的！不知道晚上是否也會應景地放上幾首電音舞曲？叔叔很熱情地邀請我到酒吧，喝幾杯用當令水果做成的「土酒」，還讓我嘗試了好幾種不同的口味，不過我覺得太濃了，不合我的胃口……

朱立安的老家是個原始的小村莊，村裡有兩百多人，村莊正中間的廣場是村民們玩樂和踢足球的場地，旁邊有條淺淺的河，是大家洗澡的地方。有人知道外人進來，紛紛奔相走告，而我一下子看到這麼多人，也不想讓大家失望，玩心一來，便想變魔術給大家看。我一直想把魔術帶到世界各個角落，尤其是偏遠地區，即便他們遠遁山林、離群索居，也應享有看魔術的樂趣，於是我招手請大家圍過來。

他們大部分是小朋友，其中有兩個是大人，他們有點不以為然，看我的模樣似乎在說，「這樣一個其貌不揚、邋裡邋遢的小夥子會變魔術嗎？」

我把一個硬幣放在左手手掌上，五個手指緊緊握住，請他們作證並握住我的手腕；

我用右手的大拇指和中指摩擦彈出清脆的響聲（這是個有魔法的手勢），當我再度打開手掌時，硬幣不見了！大家都愣住了！接著我走到小朋友面前，從他的耳朵拿出那瞬間消失的硬幣交給另外一人，當他張開手接硬幣時，錢幣又忽然間不見，正吃驚時，我掀開他的衣服，手伸進去，從中取出硬幣；他們嚇了一大跳。我再度用同樣的手法讓硬幣消失，再讓它從我的鼻孔跑出來，大夥來不及反應，笑著打旁邊的人說：「怎麼會這樣！」（影片如下：http://ppt.cc/UY-u）

連阿嬤看了也笑得好開心，大門牙掉了幾顆的她，笑到合不攏嘴，那神情我永遠都記得，那一瞬間的笑容令我非常感動，這就是魔術師最想看到的笑容，也是我變魔術的初衷。

村子瞬間沸騰，我看到小朋友們手舞足蹈地跟晚來的人描述硬幣突然消失又冒出來的情況，熱烈地討論到底怎麼了，還紛紛模仿我的動作……我聽不太懂，卻能感受到他們的喜悅，這可能是村民們這輩子第一次看到的魔術呢！

朱立安感受到我受歡迎的程度，想起我跟他討論行程時，曾說過希望能多住幾個地方，他似乎有了靈感，問我：「後天住叔叔的酒吧好了。」「酒吧？」「對啊，隨便在地板上搭個簡易蚊帳就可以睡啦！」這主意還不賴喔！「好！後天就睡那吧！」

玩著玩著天快黑了，我們趕緊划回旅館，回到旅館時大廳已經擺好了晚餐，雖然只有我一個客人，但旅館一點都不馬虎，有魚、馬鈴薯、麵包、炸香蕉、炸雞、涼拌竹筍，菜色十分豐富。

但是，這麼多的菜餚只有我一個人吃，似乎有點無聊，我端著盤子走到廚房，「來來來！大家一起吃才好吃！」他們很驚訝，直說他們不能跟客人一起吃飯，但我才不管，我就是喜歡這樣的感覺，跟大家一起在廚房吃飯，點著蠟燭，雞同鴨講地搞笑，這才是真正的旅行！

叢林深處的小屋

垂釣食人魚

一大清早，朱立安就在門外大叫：「吃過早餐後，我們去釣魚！」

「釣魚？該不會是釣食人魚吧！」

「當然是囉！」

早餐後，朱立安抓了兩根竹竿，揹起背包，往獨木舟方向走去。

我們划了半小時的船來到一個隱身於樹叢的湖面。朱立安從背包裡拿出了釣魚線，自製一把簡易釣竿。我們以肉為餌，甩竿入水，再來就是願者上鉤了。

「有了！」朱立安很快就有了斬獲！我看著魚鉤上的魚張開著大嘴巴，那銳利雪白的尖牙，像兩排細密的鋸齒，如果被咬，絕對是皮開肉綻，後果不堪設想。

朱立安用熟練的手法抓著魚讓我拍照，被禁錮著的食人魚，用凶惡的眼神狠狠地瞪著我，我趕緊把照片拍完，深怕牠會突然咬我的手指。這時朱立安拿出魚刀，以船槳為砧板，老練地做了簡易處理後，將牠放進塑膠袋中。

幾分鐘後，一股沉甸甸的感覺從釣竿傳來，「有了！有了！」我大叫，用力拉起魚竿。「好醜喔，這什麼怪魚？」那條魚留著兩根長長鬍鬚，臉長得很奇怪，還是粉紅色的！牠很無奈地看著我，我也很無奈地看著牠，算了，這應該不能吃，還是把牠放回水中吧。

我一直沒有斬獲，但朱立安卻連連報捷，又釣了三隻。我苦苦地等，而聰明的食人魚把我的餌吃完掉頭就走，硬是不上鉤，就在我準備打道回府前，終於釣到一隻，Yes！

我們把釣到的魚拿回旅館加菜，廚師手藝不錯，在魚肚上劃幾刀，抹上鹽巴，油煎一下就上桌；鮮嫩的口感讓我好意外，難怪人家說食人魚是叢林中的美食之一。

「朱立安，我們今天去住一些很酷的地方好不好？你知不知道一些私房景點？」我希望體驗叢林不同的風貌。

他思考了一下，「嗯……我是知道一個地方，不過很偏僻，可能有點危險，還得自己紮營，你可以嗎？」

「當然沒有問題啊！我最喜歡冒險了！」

我們準備好帳篷、睡袋、義大利麵以及簡單的盥洗用具後出發。由於距離有點遠，朱立安擔心划獨木舟太慢，所以我們搭乘快艇過去，另載一艘獨木舟，準備第二天划獨木舟回來。

滿口尖牙的亞馬遜食人魚。

叢林深處的小屋

原來，那是朱立安的朋友在湖邊搭建的小屋。他每年夏天都會來這裡釣魚，順便住幾晚；答答的馬達聲在湖面上迴盪，我們從直徑十公尺的大河轉進五公尺的支流，再轉進三公尺的小支流，沿途杳無人煙。

這一趟都是相似的風景：潮濕的熱帶雨林、千年大樹、垂枝、空氣中飄著潮濕的腐葉味道，還有船划過激盪起嘩啦啦的水聲。船行一個多小時後，我們忽然進入一個大湖泊，不遠處的湖邊有個被翠綠樹叢包圍的小棚子，快艇慢慢停靠。我們卸下獨木舟與帳篷踩上去，木板咿咿呀呀作響，這破舊的地方就是我們要紮營過夜之處。

我們趁天黑之前整理環境及搭設帳篷，經過百內國家公園的訓練，我搭帳篷的手法已經相當熟練了；而朱立安則從背包拿出吊床，「Wow!」我好驚訝。「這是叢林中必備的裝備啊！」他將吊床綁在柱上說：「你來躺一下。」

落日西下，晚霞滿天，鮮豔的紅色染透了整片天空，湖面倒映著紅彤彤的夕陽餘暉，波光粼粼，十分動人，我不忍錯過美景，走下吊床，往湖中間划去，這是個無聲的世界，寂靜像濃霧般迅速地籠罩大地。我們不發一語，靜靜地感受造物主的奧妙。

夜幕低垂，我們備妥食材，點起蠟燭，開始煮義大利麵。這時一隻蝙蝠飛過來，停在柱上，那模樣彷彿是想過來相伴似的。

我們很早就入睡了，除了蛙叫蟲鳴，還有無數的蚊子陪我入眠……

巫毒儀式

天色正微微亮起。

「你等我一下，我先去刷牙，用這個湖水就可以了嗎？」我還睡眼惺忪。

「對啊，我剛剛也是用湖水刷牙，你小心不要跌下去喔！」

梳洗完畢，我問朱立安，「哪邊可以上廁所？」

他指著棚子的一角，「嗯？好像不太對勁。朱立安剛剛在這邊上大號到湖水裡……那我用來刷牙的水，豈不是……」

我大驚！趕緊拿起飲用水漱口！「算了啦，湖水這麼大，大便的濃度也應該稀釋到很低了，應該沒關係吧。」我這樣安慰自己，吐了幾口氣自己聞聞，覺得口中似乎真有那麼一點臭臭的。

與食人魚共游

我們在晨曦中划了兩個小時的獨木舟後回叢林旅館吃早餐。一進旅館大門，「啊，你不是……」我們都尖叫了起來，那是遊的的喀喀湖時認識的一對西班牙夫妻，沒想到在亞馬遜河重逢了；但他們跟團，得馬上去聽導遊的講解，跟我一對一的旅遊型態不一樣，我們互相祝福，並道後會有期。

餐後的行程是坐船去尋找只有在亞馬遜才看得到的「粉紅色海豚」。出發前，旅館來了一位英國的背包客，我們便邀他一起去。

到了河邊，朱立安發出一種特殊的口哨聲吸引海豚聚集，他說：「如果看到粉紅色海豚表示今天會有好運！」我們真的很幸運，一連看到好幾隻！

「要不要下水游泳？」朱立安問。我沒有立刻答應，因為整個水域都是食人魚，我腦中浮現好萊塢恐怖電影中的食人魚把泳者撕碎的畫面，背都涼了；但他說，食人魚並不會主動發出攻擊，除非你身上有傷口，「牠們只有聞到血才會開party，一口一口咬你的肉！」我檢查全身，確定沒有傷口，好，來這邊就是要體驗，下水吧！就在我要把答案告訴朱立安時，他已經往水裡跳了，我毫不遲疑地跟進，撲通一聲跳下去！

啊！好舒服，在這燠熱的天氣，泡在冰沁的河水中，清涼又痛快。

我想要擁有幾張在亞馬遜河游泳的照片，所以請在船上的英國背包客幫我拍照，我對著鏡頭試圖擺出各種帥氣的姿勢，想不到就在此刻，突然感覺有東西碰我的大腿！「天啊！食人魚！」這是浮現在我腦中的第一個想法！「啊——」我驚恐地攀上船，連翻帶爬，攤在船板上大口喘氣，還不斷地摸摸大腿確認它們是否還健在，這出糗的模樣讓其他人都笑歪了，只見英國背包客盡責地拍照，拍下一連串我狼狽的窘樣，可惡，形象全毀了啦！

巫毒儀式

說好今天要在朱立安叔叔的酒吧過夜的，我們下午三點多回到了那個村莊，村民們見到我都熱情地打招呼，他們還記得我第一天變魔術的驚喜，一群小朋友圍繞在我的身邊不走。「有時間再變魔術給你們看喔，我們先整理一下東西。」我請朱立安幫我翻成西班牙文告訴他們，他們聽完後乖乖地去踢足球，而我們則在叔叔的酒吧大廳用蚊帳搭出兩個舒服的小窩。

隨後朱立安帶我去參觀他親戚及朋友的家，並在其中一位親戚家吃晚餐。餐後我入境隨俗，跟大夥一起在河中洗澡。天色微暗，但我還是有點害羞，因為河邊就是一條小路，大大小小男女老少都在此經過，我這個外國人本來就引人好奇，他們還一直盯著我光溜溜的「玉體」看，真是羞死人了。我快速地抹了兩下後穿上衣服，只差沒轉身跟我身後的「觀眾」們鞠躬謝幕。

接下來就是今晚的重頭戲——神祕的巫毒儀式。

話說兩天前，我跟朱立安談到叢林中的巫師，我很好奇在這個時代，叢林還有所謂的「巫師」嗎？「有啊，在我的村莊裡就有一位，他德高望重，到現在還是村民們生病時主要的求診對象。」他告訴我。

「他的治療有效嗎？」身為醫生，我對各種醫療方式都很好奇。「很有效啊，村民們找他，大部分的疾病都治得好。」「我也想試試看，你可以帶我去認識他嗎？」

就因為這一段插曲，他今晚帶我來到巫師的家。他的「家」在足球場旁的一條小路上，門口沒有成堆的骷髏頭，外型看起來並無特殊之處，朱立安請我在門外等一下，他去請巫師出來。

「這就是我們的巫師。」有一位長者隨著他出來，我向他行個禮，其實巫師長得很平常，就是一個輪廓很深的中年人，大約五十幾歲，穿著一件T恤，並不是我想像中如哈利波特穿的黑長袍及巫師帽那般打扮；但我還是很想體驗所謂的巫術治療。

朱立安用西班牙文向他詢問，巫師點點頭，我想應該是答應了。果然沒錯，朱立安說巫師願意讓我體驗一下，不過我沒有疾病，所以他要舉行讓我身體強壯的術式。

巫師稍事準備後，引我和朱立安進入一個約一坪大的小房間。我們一進去，巫師就把門鎖上，並且關掉電燈，房間內一片漆黑，他點了一根蠟燭和一根菸，密閉的房間中煙霧繚繞，特殊的氣味在空氣中流竄。巫師面前有一瓶藥酒叫Ayahuasca，聽說可以消災、改運兼驅魔，他為我倒了一小杯，要我當場喝下去。

我喝下藥酒的同時，他抽著菸，以一種低沉的頻率念起一長串我聽不懂的咒語。他念一段、停頓，抽一口菸，這時房間呈現出詭異的空白，然後繼續念咒語。而我喝完藥酒後，只覺天旋地轉，身體輕飄飄的無法動彈，也不知道自己身在何處，只能無力地靠著牆壁，他那一字一字奇怪的咒語似乎進入我的腦中，不斷重複，眼前的畫面緩緩飄移，視線也漸漸模糊。我不斷大口喘氣，試著維持神志清醒。整個傳統儀式約一小時，結束後我踉踉蹌蹌地走出來，摸到外面有張長凳子，就直接躺下，驚魂未定。

Ayahuasca藥酒。

醒來後，朱立安問我感覺怎樣？「好奇怪的感覺……不知道該如何形容，不過我想那藥酒應該含有迷幻藥或麻醉藥之類的成分，讓我好不舒服。」依據我所接受的醫學教育，我不太相信這酒能治病。不過，這一帶的居民生病時都求助這名巫醫，認為在那一個小時中自己被治癒了，我猜測，他們也許只是腸胃炎或感冒，而這些疾病本來就會自然痊癒，但他們卻認為是巫醫治好的。我無法論斷這是否是文明和落後的區別，或許也是一種另類的心理治療吧。

第四天中午吃完午餐後，我向大家道別，他叔叔握著我的手說：「歡迎隨時過來，要吃要住都行。」他粗粗的手很溫暖，態度很誠懇，還有阿嬤也過來謝謝我帶來的歡樂，好像從來沒有一個外人如此貼近他們的需求；小朋友們則邀我再變一次魔術給他們看……他們純真的笑臉，深深地觸動我的心靈。

我坐上快艇，離開亞馬遜河，回到喧囂的城市。

Chapter5

伊基托斯

帕爾多的演唱會

帕爾多廣場

從亞馬遜河回到伊基托斯已近傍晚，我住進一家當地的旅館，準備搭乘隔天的飛機回利馬。晚上閒著沒事，我走到櫃台問：「晚上有什麼活動可以參加？」對方毫不猶豫地推薦我去帕爾多（Pardo）廣場聽演唱會。

帕爾多廣場類似體育場，現場人潮洶湧，幾乎所有的年輕人都到齊了，今晚表演的音樂是昆比亞（Cumbia），那是祕魯最流行、最傳統的音樂；台上除了歌手，還有各式樂器伴奏，如吉他、鼓、伸縮喇叭、特殊敲擊樂器等，同時有穿著火辣的伴舞女郎，很像台灣的歌舞團。

老派的旋律伴隨著強烈的節奏，台下觀眾聞歌起舞，我也自得其樂地跟著搖擺。

就在跳得渾然忘我之際，突然有個男子拿一瓶啤酒頂我的肩膀問：「啤酒？」我有點驚訝，怎麼會有男生跟我搭訕，「你好，我叫荷給（Jorge）。」他長得胖胖的，身高一百七左右，用一口相當生硬的英文做自我介紹。

「哈囉，你好，我是煜晏。」

「啤酒？」他再次拿起酒瓶問我要不要喝。

我想這兒人多，他應該不會對我怎樣吧，於是接過啤酒，舉起酒瓶跟他對敲一下，「啊，好清涼！」我對他笑了一下，表達我的謝意。

荷給的英文程度不是很好，所以我們的對話僅止於「What' s your name?」「Where are you from?」這一類簡單的基本會話。不過在外旅遊，英文程度一點都不重要，重點是真誠的態度跟一顆開闊的心，我們就這樣比手畫腳聊得好開心。

「走，跟我來，我的朋友們在那邊。」他帶我到廣場另一個角落，那裡大約有五、六個人，都不到三十歲，他們的周圍放了兩箱啤酒；由於現場很吵，荷給放大聲量跟他們嘰哩咕嚕地講了一堆西班牙文，當我聽到「煜晏」兩個字時，揮手跟大家說

「嗨！」有人過來跟我握手，有人拍我的背，舉手投足充滿著善意。「這位是路易斯（Luis）。」荷給向我介紹其中一位戴粗框眼鏡的男生，我舉起酒瓶跟他敬酒。他們跳著特殊的昆比亞舞步，我不太會，就跟著他們亂扭，大家一起亂跳，玩得很開心。

很晚了，其中一人詢問路易斯，「可以帶『他』一起回家嗎？」「他」指的是我。路易斯點頭說好，大夥七嘴八舌地慫恿我，「走吧，走！」好像我們是老朋友似的。

我說：「好，走！」我當下的念頭只是想看看他們住在怎樣的地方而已。

熱鬧的大家庭

一進門，首先映入眼簾的是一個寬敞的客廳，有著跟台北一般住家地板一樣的白色瓷磚，客廳呈ㄇ字形的擺了木頭椅子，其中一張屬於路易斯所有；唯一非ㄇ字形的一邊放電視、音響及一疊音樂光碟，聽說常常有鄰居來這裡開派對，而當天也是如此。

路易斯看起來像是他們的老大，大家都對他很尊敬，「坐在這邊吧。」他指著旁邊的一張椅子要我坐下，然後禮貌性地遞一瓶啤酒和杯子給我，做個手勢要我喝酒；原來這裡有個特殊的喝酒方式，要一手拿啤酒一手拿玻璃杯，喝完後同時將杯子和啤酒傳給下一位，接著自己倒酒，一口乾杯。我入境隨俗，跟著喝了起來。

荷給介紹我時，特別強調我是醫生，還會變魔術，他們聽了個個露出驚訝的表情；為了證明我的確是魔術師，我當場秀了一段給大家看，一夥人都被嚇到了，馬上簇擁而上，不斷地鬧我，其中一個較小的孩子還把沙發讓給我坐，因為他覺得我太厲害了……我們一邊傳著啤酒和玻璃杯，一邊胡扯瞎聊，他們教了我很多俗語，甚至是髒話，而我總是會在不經意的時候講出他們教我的髒話，搭配誇張的動作，逗得全場哄堂大笑。

這裡很熱鬧，客廳旁有一群小孩子正在打桌球，他們都是鄰居的孩子，我仔細一看，發現那不是桌球桌，而是餐桌，他們在中間放個網子，網子兩邊綁在餐桌椅上，餐桌一秒變球桌！雖然玻璃桌面會造成桌球不規則的跳動，不過大家還是玩得很開心；打桌球的人一會兒過來看電視，看電視的人一會兒過去打桌球，看得出來路易斯是個熱情好客的人。

忽然間我的眼角餘光瞄到了他們家的寵物，長得有點奇怪，是貓嗎？可是好像比

貓大隻，是狗嗎？可是臉型又不太像，看著他們丟肉給牠吃，那撕開肉的樣子……天啊！那是一隻豹！

他們竟然在家裡養豹，還跟牠玩「故意不給你吃」的遊戲！你們不怕被咬死嗎？豹可是很可怕的，我甚至還看到有個小弟弟把手放進牠的嘴裡逗牠，看得我心驚膽顫！

已經凌晨三點了，「謝謝你們的招待，我今天很高興，但我要搭明天一早的飛機回利馬，所以我得要回去收拾行李了。」

「在這邊玩得這麼開心，留下來多住幾天吧！」路易斯看我們相處得很愉快，叫我乾脆住下來。

「可是，這樣會不會太麻煩你們啊？」

「不會啦，反正我剛好星期六要回利馬，你就跟我一起回去吧！」荷給則在一旁幫腔：「路易斯在利馬有一棟三層樓的別墅，你可以跟他一起走，順便住他家。」

我如果多住一個星期，只是把後面的行程延後而已，「嗯……好吧！就在這多住幾天囉！」想不到就是這樣的一個念頭，我在亞馬遜河岸，認識了一群一輩子難忘的好兄弟，走進了一個養了一隻豹的大家庭。

與毒販同住？

兄弟情

我決定住下來後，大家都很高興，尤其是荷給，他開心地陪我回旅館拿行李。我揹著大包包回路易斯的家，他們努力喬房間給我睡。荷給跟赫蘇斯（Jesus）是室友，他們原本各睡一張單人床，但荷給讓出自己的床位跟赫蘇斯擠一張床，胖胖的兩個人委屈地擠在一張單人床上，讓我很不好意思。荷給說：「不會啦，你看我們兩個人感情多好！」只穿著內褲的他故意把赫蘇斯抱得緊緊的，赫蘇斯拚命要掙脫的樣子讓我笑了出來，他們的舉動真的讓我很窩心。

赫蘇斯的爸爸是一位畫家，而他也很有繪畫天分，住在那邊的日子裡，我常常會利用空檔時間練習西班牙文，並且在筆記本上記錄學習的心得或當天的心情。有一天我忽然發現，筆記本的最後一頁竟然出現美麗的繪圖，畫中充滿著亞馬遜河的叢林風光，好寫實啊！而第一頁有我名字的塗鴉，旁邊還落款「台灣&祕魯」！原來是赫蘇斯趁我不注意的時候，偷偷用原子筆及鉛筆畫的，他說要留給我當紀念，真是超感動的。

除了荷給跟赫蘇斯之外，最常跟我在一起的就是佩卓（Pedro）了。佩卓只有十八歲，沒有工作，長得清瘦，住在落後的水上人家。那一區叫Belen，是伊基托斯的貧民區，漂浮的棚屋區內有數千個住戶，房與房之間用木板隔間，床底下是水，水上漂浮著垃圾，吃喝拉撒都在水中，生活環境相當差。他們對外的交通工具是船，每戶人家都有船，就放在自家門口，稍微好一點的是電動船，一般的則是手划船。

佩卓家離路易斯家走路大概二十分鐘，我曾經到他家參觀，破爛的木板是他們家的牆壁，陰暗的房子內沒有燈，只有客廳跟一間臥室，他們一家七口就擠在一張破破的床上；屋內由於通風不良而顯得悶熱，潮濕的空氣像是能擰得出水似的。佩卓說他常來路易斯家玩的原因，是因為那裡有食物吃、有東西玩；難怪，每次一開飯，這些小朋友都忙著搶東西吃，或許他們回家根本連飯都沒有。

佩卓家窮卻天性開朗，樂於助人。有一天，我告訴他：「我的手機在智利仍然可以用，但到這裡就不能用了，怎麼辦？」他馬上說：「我知道有家店可以改手機，我陪你去。」他帶我到一間小巷子內的手機行，想不到調整了一些設定後就可以用了！他怕我無聊，還帶我去逛動物園和觀賞河岸步道的街頭藝人表演，那是伊基托斯除了亞馬遜河外屈指可數的景點。他、荷給和赫蘇斯，是我在伊基托斯最好的三個朋友。

此外，其他的人對我也很好。每天一早起來，早餐就已經準備好，我根本不愁吃；其餘時間若他們要出門都會帶我一起去；有時我們沒有一起行動，但一到用餐時間，他們就會打電話問我人在哪裡，就怕我餓肚子；我無意間說自己愛聽昆比亞音樂，赫蘇斯隔天就送了我一片燒滿昆比亞音樂的ＣＤ，完全當我是自己人。

販毒集團？

我在那邊的日子相當愜意，總是跟著他們到處閒晃，認識新朋友，四處吃小吃，有時自己在路上蹓躂，或騎腳踏車。我在他們家的吃住甚至是出門搭的計程車費用，都由路易斯出錢，其他人的費用也是由他買單。

後來我才知道，原來路易斯是他們的「老闆」，他們每天看似無所事事，卻各司其職：一個是保鏢、一個是律師、一個是財務，而荷給跟赫蘇斯則擔任廚師，由他們負責每天的三餐。

路易斯不太管我們，家裡也沒有什麼嚴格的要求，而三餐要吃什麼由荷給決定。祕魯的食物真的很好吃，住在伊基托斯的日子，我幾乎吃遍了大街小巷，從祕魯傳統美食到私房菜，甚至還吃到「剉冰」。那一天荷給騎機車帶我出去玩，忽然在路邊看到類似台灣的剉冰機，我超興奮的，趕快請荷給停下來，買了一碗嘗嘗鮮，剉出來的冰淋上糖漿，其實味道還滿不錯的！在伊基托斯悶熱的午後更是消暑。

還有一天他們說要帶我去吃「chifa」，讓我體驗一下。我問荷給：「chifa是什麼？」他說「eat」，我知道是吃，但是是吃什麼呢？隨後我們到了一家大陸人開的餐廳，這才恍然大悟，原來chifa按發音翻成廣東話就是「吃飯」，的確跟中文「吃飯」的發音很相似，我聽了大笑，這實在太有趣了，祕魯人喜歡吃中國菜，所以大街小巷到處有chifa的招牌，此後我一想念家鄉味，就自己出來找chifa。

但我覺得很奇怪，我從來沒看過路易斯出門工作，他每天在家裡睡到自然醒；白天不是拜訪朋友，就是在客廳看電視聽歌，那麼，他的錢又是從哪裡來的呢？

路易斯小我一歲，未婚，年齡跟其他五個人差不多；他擁有一輛敞篷車跟兩台重型機車，在這個沒有陸路、與外隔絕的城市，不管是汽車機車，都得靠空運或海運運進來，所以相當昂貴，是富裕人家的象徵。

我從頭到尾都不知道路易斯是怎樣的人，只知道大家靠他養、領他的薪水、家裡所有的開銷都由他負責。他的「手下」有的已婚、有的未婚，但太太都不在身邊。我曾私下懷疑他們是販毒集團，但這念頭一閃而逝，從他們對我的態度加上我的理解，我知道路易斯是個有錢的好人，沒想過要害我，而其他人更是對我相當好，還記得有一次我自己去市中心武器廣場的網咖上網，荷給找不到我，還很緊張地打電話給我，跟我說武器廣場治安不好，叫我一定要注意安全，一個販毒集團的成員會叫我出去外面要注意安全，因為治安很不好？怎麼想都覺得奇怪。

那段日子，我口袋裡一定會放兩本小書，一本是西班牙文旅行會話手冊，一本是英西文字典。他們有不會表達的單字，就翻字典給我看，我想要跟他們講的話，就翻西班牙文給他們看，雖然不很精準，至少溝通沒問題。也因為這樣「嚴格」的訓練，我的西班牙文進步得還滿快的。

有一天，路易斯開敞篷車帶我出去兜風，車上只有我跟他，我終於鼓足勇氣問：「你是做什麼工作的？」由於他說的話我聽不太懂，交談時，我拿出字典，他一邊說我一邊查字典，我靠聽得懂的一些單字，拼湊出他的職業，他好像是做「成衣進出口生意」，他批衣服進來賣，賺差價，算是貿易公司，因為工廠在義大利，所以他不用出門，只要用手機傳送訊息操縱即可。聽起來有點不可思議，但我選擇相信了。

待我如兄弟的他們，會是販毒集團的人嗎？或許，他們是很好的壞人？嗯，好吧，總比很壞的好人好一些……

納斯卡線

利馬的別墅

轉眼就到了星期六，我收拾行李，要跟路易斯到祕魯的首都「利馬」，繼續接下來的行程。

搭上了伊基托斯往利馬的飛機，從窗外俯瞰，一條暗黃的巨龍穿梭在深綠的雨林，眼睛看的是氣勢磅礡的亞馬遜河，但讓我特別想念的卻是那段兄弟般的情誼，這種離別感覺特別難過。

出關後，我見到了荷給的太太，她帶著小朋友來，我把荷給託我轉交的東西給她，她很親切，我們簡單地交談幾句後，我就跟著路易斯上車了。開車的是路易斯在利馬的小弟，他在利馬請了兩個小弟，負責幫忙看守及整理別墅。

我以為我們會直接到路易斯的別墅，想不到車子卻繞到一間加油站，我以為是要加油，但車子停下之後，他們竟帶著我往另一個方向走，這讓我很緊張，該不會是要去製毒工廠吧？

「走吧，我們上三樓。」陪路易斯一起來的律師帶我上樓。

「三樓有什麼東西嗎？」我試探性地問了一下。

「到了你就知道了。」他笑得有點邪惡，這讓我更害怕了……

老舊的樓梯帶著一股霉氣，樓梯兩旁貼著一些破舊的飲料宣傳海報，海報的邊角因潮濕已經泛黃折損，一樓、二樓分別有一些公司，招牌上的西班牙文字我看不太懂。戰戰兢兢地上了三樓，來到一扇斑駁的鐵門前，律師按了一下電鈴，鐵門打開了，飄出一股香氣，難道這是製毒過程中產生的味道？我隨著路易斯的腳步進去，空間不大，擺了兩張高級的椅子，這個地方到底是做什麼的？我抬頭看到牆上的海報，原來這是腳趾美容的店家啊！什麼嘛！想不到路易斯回到利馬後所做的第一件事，居然是除腳皮，害我剛剛在那邊緊張得要命！

除完腳皮後，我們一行人來到了利馬的購物中心，想不到在祕魯也有如此大規模的購物中心，兩層樓的購物中心有各式各樣的店家，甚至還有精品店，路易斯此行的目的是購買運動用品，所以我們直接殺到運動用品專賣店，裡面陳列了各種品牌，Nike、Adidas、Puma……應有盡有；而且品項也很齊全，從衣服、褲子、鞋子到配件，跟台灣相去不遠。不過讓我大開眼界的是，路易斯買鞋子是用「點菜」的方式，「這雙、這雙、這雙……」他手指點到哪雙，律師就把它拿下來抱在手上，根本不試穿，我定神一看，律師已經抱了六雙鞋在胸前了。

接著路易斯來到Oakley的眼鏡展示櫃前，拿起一副銀色的酷炫太陽眼鏡，試戴了一下，「煜晏，這好看嗎？」「嗯，很好啊！」「好，我要這個。」律師把胸前的鞋子放到結帳台後，趕緊跑來接路易斯手上的名牌眼鏡，路易斯看了一下展示櫃中的另外一副，「好，這副也買了。」我偷偷看了一下吊牌，這一副差不多要台幣七千塊，而他在三分鐘之內就買了兩副，連想都不想！路易斯到底有錢到什麼程度，真令人難以想像。

律師跟小弟提著滿滿的戰利品上車，我們回到了路易斯在利馬的三層樓別墅。他的別墅位於一個高級住宅區中，附近的房子看起來都很漂亮，路易斯的家當然也不差，外牆貼上的是暗紅色的瓷磚，客廳裡是米白色皮革沙發跟木製櫥櫃，裝潢得舒適典雅，跟伊基托斯的簡單擺設不一樣。在這別墅裡，我見到他的另一個小弟，一個高高帥帥的靦腆男孩，而他已經幫我們備妥今天的晚餐——咖哩雞腿飯配雞湯麵，想不到這樣一個年輕男孩會有這樣的好手藝。

納斯卡線

第二天清晨六點半，天還未亮，路易斯派靦腆小弟陪我到高速公路搭車前往納斯卡。人潮漸多，好多通勤的上班族在這等車，而站牌旁也有幾個早餐攤，跟台灣一樣懂得挑好位置來做生意。

在祕魯西南沿海的伊卡省，有一座名叫納斯卡的小鎮。小鎮邊上有一片廣闊的荒原，人稱納斯卡荒原。上世紀中葉，一支考古隊來到納斯卡荒原進行考察，他們在尋找水源時，意外地發現荒原上有許多「溝槽」，當時弄不清楚這溝槽是怎麼回事，只稱這是一個不知為何建造的玄妙工程，之後，考古學家從高空俯瞰，才發現這些溝槽竟然是組成許多龐大圖案的線條！

半個多世紀以來，許多科學家都在探討這些問題。有的認為荒原圖案可能是有實用價值的古地圖，這些巨畫標明著寶藏的所在，但一般人無法讀懂密碼；也有人猜測是古納斯卡人舉行盛大體育活動的場所，那些圖案是為各項體育活動而設計的；甚至推斷是古納斯卡人舉行宗教儀式的場地，那些圖案中的每個圖像分別為各個氏族的圖騰；另外也有人相信這是外星人所留下來的暗語，指引我們通往外星球之路。

這團未解之謎每年吸引著全世界千千萬萬的考古學家及遊客來到這個小鎮，感受那股神祕。

坐上的這班公車，避震器似乎有點故障，車身搖晃得非常厲害。早起的我還很想睡，但又怕坐過頭迷路，半睡半醒地硬撐著。離開利馬後，車子進入了沙漠地帶，黃澄澄的沙漠，熱辣辣的太陽在這個區域看起來特別嚇人，我在伊卡下車，吃了午餐後，坐上另一班公車到納斯卡。

抵達納斯卡的小機場時已經快四點了，我趕緊跑進機場詢問，機場滿滿的一排飛行公司，價錢都差不多，我隨意挑了一間就買票了。

六人座的小飛機，除了我之外，還有一對歐洲來的情侶，下午的風比較大，所以在空中相當顛簸，幾度讓我胃腸翻攪。但看到納斯卡線那一剎那，還是相當興奮。整個納斯卡地區有數以百計的個別圖形，由簡單的線條排列構成複雜的圖案，有鯨魚、蜘蛛、花、手、樹木、蜂鳥、猴子、蜥蜴等動植物，也有類似現在的飛機場跑道和標誌線的圖案，其中有一個奇怪的人形，但卻只有一個頭和兩隻手，而且一隻手上僅有四根手指，是什麼樣奇怪的人只有四根手指？

這些圖案巨大又精準，到底是誰畫的？什麼時候畫的？畫這些圖案做什麼？我們現代有很多定位的工具及程式，但是兩千年前的人們要如何定位？

我越想越覺得不可思議，難道這真是外星人留下來的密碼？

我眼睛緊盯著窗外的神祕圖像，想要破解這個千年無解的密碼，但我發現，在破解密碼之前，我可能要先破解暈機想吐的窘況……

難忘的生日

看完納斯卡線回到路易斯在利馬的別墅後，我的下一步面臨一個抉擇。

我原本預定的行程是離開祕魯，往北進入哥倫比亞。不過這一天是五月八日，五月十日是我的生日，我想在一個很酷的地方慶生。我心想，如果能跟伊基托斯的那群好兄弟一起過生日，那該有多好，這念頭一閃而過，下一秒我便馬上決定去找他們。

我揹著背包又回到伊基托斯，在門口大喊，「兄弟們！我回來了。」

當他們看到我出現時，個個興奮地跳了起來，拍我打我抱我，我說：

「我很想念大家，而且想跟你們一起過生日！」

隔天五月九號星期五，晚上在帕爾多廣場有一場當紅樂團Explosión的演唱會，現場人山人海，我們找了一個接近舞台的位置，叫了兩箱啤酒。樂團出場，我忽然發現台上的鼓手怎麼這麼眼熟，原來是路易斯的朋友，一個常常到他家裡喝酒的人！我很驚喜地看著他，他也對我眨了一下眼，我立刻舉起酒瓶回敬，與他隔空乾杯！

Explosión以一首他們的成名曲揭開序幕，滿場的掌聲及尖叫聲此起彼落，我好喜歡這種氣氛，昆比亞的音樂很好聽，能讓人自然地隨著節奏律動！我融入音樂的舞步中，渾然忘我，忽然間，一陣冰涼從天而降，我還搞不清楚怎麼回事，「Happy Birthday！耶！」原來已經十二點了！荷給跟赫蘇斯為了幫我慶生，帶頭拿起啤酒往我身上灌！「啊——」全身濕透的我也不甘示弱地拿起啤酒反攻，還亂甩頭，把髮絲上的啤酒甩到他們身上，現場一陣啤酒大戰，你追我、我躲你，像孩子一樣打起水仗，身材最壯碩的「保鏢」把我扛起來放在肩膀上，讓大家一起為我歡呼！「嘿！嘿！嘿！」我亂叫亂跳，超嗨的！

「大家好，今天要跟各位介紹一位嘉賓……」台上樂團的主唱忽然說了一句話。「今天在現場有一位來自台灣的朋友，他叫煜晏。」聽到我的名字時我超驚訝！大家都在尋找我的蹤影，我大方地舉起手跟大家說哈囉，「請大家把手上的酒舉起來，一起祝他生日快樂！」天啊！這也太屌了吧！

「生日快樂！」看到帕爾多廣場上全場的觀眾同時舉杯幫我慶生，我感動到全身發抖，令我更意外的是這一場驚喜是路易斯精心安排的，想不到地球另一端的演唱會上，竟然有這麼多的人幫我慶生，而且是在這個與他們相遇的廣場上，這個一切故事開始的地方，意義更是格外不同！

演唱會結束後，雖然我喝得有點茫，但還不想回家，我慫恿荷給攔一台計程摩托車到別處晃晃。

「要去哪？」司機問。

「隨便，亂騎就是了。」我只想閒晃，吹吹伊基托斯夜晚這涼爽的風。

我跟荷給一起坐在後座，毫無目的地在伊基托斯繞著，微醺的我搭著他的肩，只顧著瞎聊亂叫，我好滿足，我們的笑聲，就這樣被吸入了漆黑的星空中。

河上的槍聲

扒手集團

一個陽光燦爛的下午，我想去逛逛沒去過的地方。好心的佩卓本來要陪我，但我說我一個人就可以了。

我來到Belen另一側的市集，比起佩卓家那邊一樣是棚屋區，但更落後。市集裡賣的是一些傳統的東西，最特別的要屬烏龜和鱷魚，我看到這些動物覺得很稀奇，而當地人看到有外國人出現也感到稀奇，飲料攤的老闆還招待我喝一種酸酸甜甜的紅色果汁，口感還不錯。

其中一位中年婦女過來，我們比手畫腳聊得很愉快。離開後，我繼續逛著市集，看到有個小孩很可愛，於是想拿出口袋的相機來拍照，「咦！相機呢？」我摸摸右邊的口袋，再摸摸左邊的口袋，怎麼都沒有？不對啊，我的提款卡呢？我本來是把相機放在右邊口袋，提款卡則放左邊，怎麼兩樣都不見了？我越想越奇怪，該不會被扒了吧？難道是剛剛那位婦女？回過頭，她早已消失得無影無蹤。我趕緊回到飲料攤，老闆說不認識那個人，附近的人也不認識她。我氣急敗壞，一定是她把我的相機跟提款卡偷走了！

我氣得雙手握拳、滿臉通紅。我秉持著「人性本善」的想法，真心誠意地跟大家交朋友，但卻遭到如此對待。這時有個男生拍我肩膀，把我叫到一旁，「我認識那位婦女。」他一邊小聲地說，一邊四處張望著，怕被人家聽到，「我們這一區有個扒手集團，她就是其中一員。」

「那你帶我去找她好嗎？」

「我知道她明天會去哪，我可以帶你去，但我覺得，就算你找到她，她也不會承認的。」

「我不管，我就是要找她！」我很不喜歡這種被欺騙的感覺。

「……好吧，如果沒錯的話，她明天晚上會在河上的夜店出沒，晚上七點你到渡船口來，我們在那邊碰面。」

回到路易斯家後，我把整個事情的來龍去脈告訴他們，他們也很生氣，紛紛破口大罵，不過幾乎每一個人都勸我取消明天的行程，一來，不知道那位男生說的是真是假；二來，即使找到了那位婦女，她一定也不會承認的，但我心有不甘；路易斯知道勸不過我，只好派他的保鏢陪我。

暗夜槍聲

隔天，路易斯的保鏢還帶了另外一位朋友來，我們坐在計程摩托車上時，我發現保鏢的腰間鼓鼓的，「那是什麼東西？」他稍微拉起衣角，居然是一把槍！

我心一涼，嚇壞了！原來路易斯叫他帶槍出來保護我，他朋友也帶了一把，我有點傻住，猶豫著是否該把事情搞得這麼大，但眼看大家都來了，只好事先商量對策，我提醒他們盡量不要用到槍，除非緊急情況。

那位男生依約出現在渡船口，我們一行三人跟著他到他家稍等，計畫晚一點再行動。等待的過程中，他的另外兩位朋友先去確認警察局的位置、去的路線以及離開的路線，勘察回來後，我們便起身出發。

我們乘著快艇來到水上夜店，我迫不及待地想衝進去找人，但保鏢叫我別輕舉妄動，讓那個男生先上去把那位婦女找出來再說，我只好先忍著。小男生進去店裡後找到了那位婦女。「沒錯，就是她！」我一眼就認出來了。小男生開始跟她交談，我坐在船上離他們稍遠的位置，只見她一直搖頭，死不承認，我心裡越來越不高興，最後那個小男生無功而返，叫我們回家。

「不能走！」我氣不過，直接衝進夜店，抓住那位婦女的手肘，把她拉出門外，場面頓時混亂，我用破爛的西班牙文質問她：「你為什麼要這樣做？把我的相機還給我！」

「不是我！真的不是我！」

「明明就是你！快把我的相機還給我！」

「算了啦，她不會承認的，走吧！」小男生過來用力地把我拉走。

「不要！我要叫她把東西還我！」

「她不會還你的！走啦！等一下警察來了就麻煩了！」

我生氣地瞪著那名婦女，心不甘情不願地回到船上。坐上船，馬達才剛啟動，「砰！」的一聲巨響，保鏢對空開了一槍！我嚇了一大跳，店內的人也紛紛跑出來看，「砰！」他又對著夜店門口的上緣射出子彈！「好了啦！不要開槍了！」我怕傷及無辜，趕緊制止他！船照著我們事先預定的路線緩緩駛離。我怒視那名婦女，不發一語，她別過頭閃避我的眼神，身旁的人群則是一臉錯愕。

那幾天我心情很差，甚至改變心態重新思考，是不是不應該這麼輕易地相信旅程中遇到的陌生人？是不是不該秉持著「人性本善」的信念？

兩天後的晚上，路易斯到房間來找我，「煜晏啊，這相機送你。」我好驚訝！他怎麼對我這麼好！「路易斯，謝謝你！」雖然那不是一台高級相機，但他想讓我恢復笑容的這個舉動，讓我很感激。

然而，就在我開機試拍時，竟發現相機裡是一個金髮女孩到處旅遊的照片，我心情好複雜，這應該是跟我有同樣遭遇的背包客吧，她的相機也是在Belen被扒走的嗎？會不會我的相機現在也在某個人手裡，而那個人也正在欣賞我這幾天拍的照片呢？

鞋子裡的賞金

河岸步道

其實那是一場意外的演出。

再過兩天就要離開這裡了，吃完晚餐後，佩卓陪我出去繞繞，我想在腦海中再多留下一些這個城市的影像。我們走在河岸的步道上，那裡的小市集有不少攤販，人多且熱鬧，正中央處有一組街頭藝人在做搞笑的脫口秀演出，圍觀的民眾看得哈哈大笑。

我看得心癢，突然興起變魔術的念頭，轉身問佩卓，「附近買得到撲克牌嗎？」我只要有一副撲克牌就可以表演。我們沿著河岸找了好久，終於在一間破舊的雜貨店裡找到了，雖然品質差，也只好將就了。

我們在步道尋找適合的地點，佩卓看中一個石造的小平台，附近人潮聚集，我決定就在這裡小試身手！他很夠義氣，不斷幫忙招攬觀眾，「有誰要看魔術表演？過來喔，魔術師在這裡！」有幾個人圍了過來。我把撲克牌的四張A挑出，兩張紅的放在平台上，兩張黑的拿在手上，我用手彈了一下，四張牌便換了位置，兩張紅A到了我手上，而手中的兩張黑A跑到平台去，他們瞪大眼，覺得不可思議；漸漸的，圍觀的人越來越多，我表演得越起勁，這時不知道從哪裡竄出一群小流氓，他們的反應也很熱烈，只是後來一直鼓噪，叫我教他們，還要看撲克牌是不是藏有什麼玄機，「你這是什麼東西啊？我要看牌……」我抵死不從，沒想到其中兩個人硬是要搶走我手中的牌，佩卓一個箭步移過來，張開雙手護著我。

佩卓偷偷告訴我，那群人中除了流氓還有幾個是扒手集團的人，建議我轉移陣地。

我們決定收攤，不過還有一堆忠實觀眾尾隨在後，「我要看啦，好了啦，就在這裡表演啦！」但流氓也跟在後面繼續嗆聲，我越走越遠，跟在後面的觀眾越來越少，最後終於甩開了那群流氓。我們來到市中心的武器廣場，佩卓找到一個相對安全的位置，「這裡可以表演了！」

我們重新找觀眾，廣場有三個二十出頭的年輕人坐在石凳上，看起來滿正派的，佩卓過去問他們想不想看魔術表演，他們互看一眼，那表情似乎在說：「哪有這麼好的事？」然後用疑惑的眼神點了一下頭。

我表演的這一招叫「三明治」。我把兩張鬼牌分別放在撲克牌的最上和最下，請他們從整副牌中挑出一張並將它插回牌堆中，「仔細看喔，待會鬼牌就會抓出你們所選的那張牌，一、二、三！」我將撲克牌往右手一丟，左手只剩下三張，是兩張鬼牌夾著一張牌，我問他們：「中間這張牌是不是你們選的？」他們很驚訝，用力地鼓掌，這掌聲吸引了其他人過來，聚集的人又變多了，一圈圈把我圍住。其實我不太會講西班牙文，僅用幾個單字亂掰，他們居然也都懂，魔術表演果真不分國界啊！

街頭魔術秀

我平常做街頭表演時，都會在地上放一頂帽子讓大家丟賞金，但今天是臨時起意，我想了想，乾脆把鞋子脫下來，請佩卓幫忙說：「如果你們覺得表演不錯，請賞錢！」有個搞怪的小朋友還故意湊上前，擺出「好臭」的手勢。

一連表演了二十分鐘，我覺得差不多，該收工了，於是鞠躬跟大家道謝。

想不到大家仍遲遲不肯散去，嚷著要繼續看。這時忽然有一位四、五十歲的大漢拿著一張紙鈔衝到最前面，「如果你願意再變一招魔術，這張千元大鈔就是你的了！」喔──喔──喔，現場觀眾一直鼓噪，我不是見錢眼開的人，但拗不過大家的熱情，我說：「好，這是最後一招囉！」

我請另一位觀眾選一張牌放回牌堆中，洗牌後我將牌正反交錯相疊，正反正反……我給觀眾確認後，把錯亂的撲克牌放在觀眾手中，請他雙手握住，我的手緩緩地揮過他的雙手，「好了，請你把牌展開來看看吧！」這時所有的牌都規規矩矩地恢復原狀（朝上），就只有他挑的那一張牌朝下，我把那一張牌拿出來，全場觀眾尖叫，那個大漢心甘情願地把千元大鈔丟進我的鞋子裡，現場再度響起熱烈的掌聲，久久不歇。

表演結束後，我很得意地看看鞋子，裡頭有幾個大大小小的硬幣，但也有人丟樹葉、口香糖的包裝紙、垃圾……讓我啼笑皆非。至於那千元大鈔，佩卓仔細端詳，「這是什麼錢啊？沒看過那樣子的鈔票。」旁邊另一位觀眾說：「可能是三十幾年前祕魯人用的紙鈔，現在根本不能用！」也有人說那根本就是假鈔，哈哈，原來是窮開心一場。

不過，對我來說，錢不是重點，這份無價的回憶，才是最珍貴的。

離別

今天，是我在伊基托斯的最後一天了。

為了紀念這一段時間以來的友情，我跟赫蘇斯一起製作了一段十七分鐘的影片，收集這三個星期拍攝的照片及回憶，配上我們最愛聽的昆比亞音樂，隨著影片一幕一幕放映，過去的點點滴滴全浮上心頭，我們一起做過好多瘋狂智障的事，五音不全地亂吼、房間裡跳著搞笑的舞蹈、啤酒灌頂的生日、想耍帥卻不帥的猛男照——拼湊出我這三個星期美好的記憶。

影片最後兩行字寫著：「謝謝伊基托斯的好朋友，我很快會再回來。」我起身跟路易斯擁抱，大家拍拍手，搞得好像一場歡送會，但每個人的眼眶都濕濕的。

我進房間收拾行李，陸陸續續有人進來，大家都悶悶不樂，家裡瀰漫著離別愁緒。看得出來，他們是捨不得我走而刻意進來的吧。我收起了晾在床尾的浴巾，還有佩卓陪我去買的長褲，隨著衣物一件一件收進背包，原本凌亂的單人床越來越空，而我的心也一寸一寸地往下沉……

我看了一下護照，我自四月十日到祕魯，五月十八日離開，算一算已經待了五個星期了，可是我覺得還不夠，好希望旅程可以無限延長……

隔天一早，荷給和佩卓一起送我去機場。道別時，我鼻頭一酸，一時控制不住情緒，大顆的、溫暖的淚珠滑下臉頰，我發現人從內心散發出來的愛心和良善，才是最讓人喘不過氣的。

「那天在帕爾多廣場，你為什麼會過來跟我聊天？」這是我心裡一直以來的疑問，如果不是荷給主動找我交談，我根本沒有機會認識這一群好兄弟，也不會有接下來豐富多彩的生活。

「因為你一個人，看起來好像很無聊的樣子。」荷給說。

原來是這樣啊……

如果那時候的我不是一個人呢？如果那時候我沒有敞開心胸跟他聊天呢？如果那時

伊基托斯的好兄弟們。

候我拒絕跟他回家參觀呢？這一切是不是都會不同了？

人生中有好多如果，我很幸運地把握住了這段緣分，很感恩，也很珍惜。

「Bye Bye!」我強忍著眼中的淚水，看著他們的背影消失在遠方。

我拿出筆記本，想要記錄下當時的心情，看到筆記本上赫蘇斯為我畫的塗鴉，我的眼淚又不聽使喚地奪眶而出，坐在對面的人一直看我，如果他知道這眼淚是為了一群男人而流，應該會感到訝異吧。

飛機起飛了，窗外的天空灰濛濛的，我的心情也是。

Chapter6

終章

神祕的復活島

一個人的旅行

從熱鬧充滿人情味的大家庭回到一個人的旅行，感覺有點失落。聖地牙哥很冷，街頭瀰漫著蕭瑟的空氣，好安靜啊，我踽踽獨行，想藉由行走稀釋心中的孤寂。

我喜歡一個人旅行，我也常常跟朋友說，如果你要旅行，一個人是最佳的方式。有個背包客跟我說過一句話：「You travel alone, but you are never alone.（雖然你一個人獨自旅行，但你永遠不會是一個人。）」我很喜歡這句話，每一段旅行，都是不斷的相遇與分離，你會在旅程中的每一站，與素昧平生的人巧然相識，每段皆是奇遇，可能是青年旅館的室友，可能是火車上坐你隔壁的乘客，可能是候車亭玩耍的小弟弟，也可能是在超級市場旁邊等候結帳的媽媽。

但是，一個人旅行難道不會寂寞嗎？

當然會，寂寞是一個人旅行的必備品，不過寂寞會讓自己的心更敏銳，所以更能好好地去品味每一個奇異的國度。一個人的旅行，想轉彎就轉彎，想放空就放空，不用在意另一個人的想法。由於你是一個人，更會強迫自己去認識新的朋友，別人也比較願意來跟你接觸。在這趟旅程中，有好幾次特別的經驗，都是因為獨自旅行而擁有的，如果我當時有旅伴的話，或許就會錯過很多永生難忘的回憶。

自助旅行是一種隨興的感覺，想走，就走，不想動，就不要動，或者什麼都不想，坐在異鄉的木頭椅上，放空，看著來往的人群，無所事事的發呆，沒有什麼比「什麼也不做」的時間更奢侈了。

或許有人會說，這樣不是浪費時間嗎？「The time you enjoy wasting is not wasted time.（當你在享受浪費時間時，就不是浪費時間。）」我同意約翰・藍儂的說法。

我曾經在巴士站遇到一位老先生，「好羨慕你啊！年輕人！像我這種年過五十的阿伯，看你玩得如此開心，只能說：年輕真好！」我回答：「哈，人生七十才開始啊！五十歲還算少年呢！想去哪，說走就走囉！」

有時，瘋狂只是需要一點勇氣而已。

一趟旅行就像是一首鋼琴曲，路上偶遇的每個人都是一個音符，這些形形色色的音符組合而成的，就是這趟旅行的旋律，嘉年華的瘋狂朋友是激昂的高音，咖啡廳偶遇的老紳士是細水長流的低音，鋼琴上八十八個琴鍵，按下去的每個音符，都是由你自己做主，什麼樣的曲風，什麼樣的靈魂，也都是自己決定，你希望這趟旅程是一首激情的快板，還是毫無抑揚頓挫的單調呢？

我在聖地牙哥停留一天，隔天下午則飛往復活島（Easter Island），準備迎接樂曲的下一樂章。

復活島

復活島的機場很小，剛出關，一下子就到了入境大廳。這裡可熱鬧了，瞬間圍上了一圈旅行社的人，人手一本飯店（大部分是民宿）簡介，招攬生意，還附上照片、住宿價格，供觀光客參考、比價。雖是民宿，住宿費卻不便宜，復活島上什麼都貴，所以有人說去復活島之前，最好先在聖地牙哥買好東西再過去，因為單單水就是聖地牙哥的三倍價錢。我東挑西選，看上其中一家和藹可親的民宿老闆，他在機場外備有車子，馬上載我過去。

這間民宿乾淨又漂亮，客廳有傳統的木雕擺飾、牆上有油畫，裝點得風味十足。主人把自家的幾個房間改成客房，與賓客同住一個屋簷下，我最喜歡這種有當地特色的民宿了。

當晚一共來了六名客人，除了我、一個西班牙人外，其餘四個是智利人。他們都只會一點點英文，還好我在祕魯已經受過專業西班牙文「胡扯」訓練，咿咿呀呀還是能講一個晚上。智利人相當熱情，拿出早已準備好的威士忌，我們就在民宿的庭園開起party。民宿的庭園正對著海邊，聽著浪花聲喝個小酒，對我來說，以這種方式迎接小島生活，是多麼美妙的開始啊！

復活島位於南太平洋中央，與世隔絕。島上最有名的是摩埃（Moai），那是神祕的巨石雕像。

第二天一早，我原本要出門看摩埃的，想不到卻遇上了下雨；民宿裡的兩個智利人改變行程，到市區逛紀念品店，我也跟著去，這才清楚看到復活島的樣貌，想不到小小的一個島，一應俱全，有教堂、超市、餐廳……我們選了一間披薩店吃午餐，價格略嫌貴但味道還不錯；直到傍晚，雨總算小了一點，我決定出去找摩埃。

我順著市區小路走到海邊，終於看到了第一尊摩埃！「啊！原來這就是摩埃啊！」我忍不住叫了出來，很高興地跑過去！但不知道為什麼，似乎並不如我原先想像的那般震撼，我抬起頭看著他的臉，自言自語，「為什麼呢？是不是我跟他沒有交流呢？」算了，我還是很開心地請路人幫我跟摩埃合照，畢竟這可是世界文化遺產，也是我看到的第一尊摩埃啊！

巨石摩埃像

薩米

我自己一個人玩也很好，但總覺得應該要找一個當地導遊協助我，才能更瞭解復活島。

大街上有很多旅行社，我找到一個帥氣黝黑的年輕人，他叫薩米（Sami），臉上有剛毅的線條，展現不凡的自信，在智利念完大學後回到家鄉，憑著不錯的英文能力當上專業導遊。

今天天氣很好，我坐上薩米的吉普車，開始了環島之旅。一路上薩米告訴我很多復活島的歷史、政治、地理、環境及日常生活。他說，復活島雖然屬於智利，但他們不喜歡智利人，他認為智利人帶來很多現代的文明與惡習，破壞了島上的寧靜和文化；

如果你問他們是哪裡人，他們會回答：「復活島人。」

在愉快的聊天中，不知不覺就到了摩埃的誕生地——Rano Raraku。這是一座死火山。此地摩埃到處散落，有的倒著、有的站著、有的歪著、有的跪著、有的是半成品……摩埃們都在此處雕刻，再搬運到島上各地。

我們爬到一個制高點，從這裡可以看到對岸壯麗的海景，及日本公司協助重建的Ahu Tongariki——十五座摩埃整齊地矗立在海岸邊，薩米說：「這是看日出的好地方，太陽會從十五尊巨大摩埃的背後冉冉升起，光芒照射在摩埃身上，好像他們正閃閃發光。」

看到如此壯觀的Ahu Tongariki，當然迫不及待想前往，而近看更是震撼。薩米告訴我，右邊第二尊看起來像是戴紅帽子的摩埃，其實那不是帽子，而是盤起來的頭髮，因為傳統的復活島男性都留長髮。

關於摩埃有太多傳說，有人說，這些石像直挺挺的鼻梁、薄薄的嘴唇、凹陷的雙眼，一點都不像當地的土著，他們雕刻這些石像是在紀念什麼人？或是神？還是有「人」曾經教導過他們一些我們不曾知道的知識令他們難忘，原住民在感恩之餘，雕刻這些石像以資紀念？

我把心中的疑問告訴薩米。「哈哈哈，關於摩埃的傳說很多，但那些都不是真的。」薩米笑著說，「一個摩埃代表的是一個國王或者是村落的領導者，當這位國王死去後，人民會刻一個代表他的摩埃以示紀念，傳說他的靈魂會附在其中，繼續保佑人民。」

「所以不是外星人喔？」我有點失望。

「哈哈，先不要失望，在島上有一個地方真的有神祕的力量，等等我帶你去。」

下一站Ahu Te Pito Kura有島上最大的摩埃，那邊有個大圓石，據說是一塊磁石，摸了會得到神祕的力量。再往北走，是一處很迷人的Anakena海灘，很多人在那兒戲水。

從海灘往回走，我們行駛在筆直的馬路上，兩旁是寬廣的平原，開闊的視野讓人心曠神怡，薩米換了一張ＣＤ，搖下車窗，放著超復古的音樂，吹在臉上的風好舒服，我們大叫著，「太棒了！這才是人生！人生就是應該要這麼開心呀！」他隨著歌曲哼著歌，我在旁邊跟著節拍扭動身體。

當我正沉浸在這舒服的氣氛中，他忽然停下車子，「好了，就是這裡，我剛剛跟你說的神祕地方，你看——」他把油門放開，排檔打到空檔，起先沒事，但五秒鐘後車子竟向前移動！我嚇了一大跳！「怎麼會這樣！」這個地方並不是斜坡，而是平地，為什麼車子會自己跑，根本違背物理定律啊！「很酷吧？」

「對啊！這太酷了！會不會這底下有外星人的基地啊？」我還是不放棄外星人曾經在這邊出現過的念頭。

夜晚的摩埃

我們聽著音樂繼續前行，我好愛這氛圍。「我帶你去一個看日落最棒的地方，但我們要先去另一個地方。」他很神祕的賣關子。

結果我們來到了雜貨店，「在這邊等我。」他一個人走進去，「到底要做什麼？」五分鐘後，他提著一手啤酒出來笑著說：「看夕陽就是要配啤酒才對啊！」

最後一站是Ahu Tahai的日落。Ahu Tahai由三組摩埃組成，摩埃靜靜地站在那，沉著而堅定地看著遠方，周圍有湛藍的海水，的確是看夕陽最棒的地方。我們就這樣坐在摩埃前，喝著啤酒，等待太陽慢慢落下……

入夜後的摩埃有一種神祕感，看起來有點憂鬱，那深邃的眼睛，似乎在對我訴說著千古以來的故事，我怔怔地望著他們，後面襯著星空，忽然有種心頭一驚的感覺！我這才發現，原來摩埃要在夜晚看才會震撼人心，突然之間，我情緒澎湃，熱血沸騰，真的感受到他們的能量了！

當晚薩米邀請我到他家用餐。我有點驚訝，儘管我跟薩米聊得很愉快，但感覺他始終很保護自己，不肯卸下心防真誠的跟我交朋友，或許「開心地跟我聊天」只是導遊的責任之一，他決定邀我可能是因為經過一天的相處後，覺得我這個人還不錯吧。

他家位於市區旁邊的一條小路上，路邊雜草叢生，有零零星星的幾間小木屋，型態各異，但都很有特色，「到了，就是這邊。」轉個彎我們進到薩米的房子，屋外看起來並無特殊，但進門就不一樣了，「哇，好棒喔！」橘黃的燈光，色彩鮮豔的擺設，一看就知道是年輕人住的房子，客廳由紅、橘、白、黑四色組成，沒有多餘的家具，只有幾張桌椅，簡簡單單但很舒服，我喜歡。

薩米跟我介紹他身旁一位金髮正妹，「她是我在智利念大學認識的女朋友，現在跟我一起住在復活島。」我跟她微笑打招呼。「這位是吉娜（Gina），目前也當導遊。」吉娜正在準備晚餐，我也跟她說聲嗨。

薩米的另外一位好朋友也來了，是一位高高帥帥的年輕人，今天的晚餐是義大利麵，跑了一天肚子也餓了，我一口氣吃了兩盤。

餐後我們坐在客廳交談，大概是在自己的家裡且身邊都是熟人的關係，薩米放聲大叫大笑；我癱在沙發上，放鬆地聊著天……

這裡沒有大城市的勾心鬥角，島上的生活簡單，心，也跟著簡單了。

接近尾聲

小藍的大探險

復活島上有兩條主要的行車路線，分別形成一大一小的環形。前一天薩米開著吉普車帶我走的路線屬於大環形；今天則換個方式，我租了一台藍色摩托車，當個「追風少年」，繞著西邊的小環形，進行我的大探險。

今天也是豔陽天，輕風拂面，藍天白雲，我邊騎邊欣賞寧靜的海島風情，途中都聽得到太平洋海浪拍打著海岸的聲音，舉目四望，天連水，水連天，好不舒服。

有些地方人煙罕至，一片荒蕪，沒有路，我騎著「小藍」，一震一震地在石頭泥巴路上前進著，我沿著海岸線騎到Ahu Akivi，它的特殊之處，在於這裡的七尊摩埃是全島唯一面海的（其他都面向陸地）。

但天公不作美，竟然下起雨來了，我的防風外套勉強派得上用場，我趕緊跨上「小藍」繼續趕路。想不到雨越下越大，忽然間轉成傾盆大雨，我淋成落湯雞，滿地的泥濘，更增添騎車的困難，踉踉蹌蹌地好不容易才找到亭子避雨。我在亭子等待好久，終於雨過天晴，天邊出現美麗的彩虹，這時的心情像是洗三溫暖，我拿出相機拍下自己狼狽的模樣，不但衣服濕透，連鞋子都變成了「蓄水池」，不斷有雨水滲出來，走路時還會發出噗滋噗滋的聲響呢。

我趁雨停趕快騎回家，本想休息一下，但我的個性閒不下來，換了套乾淨的衣服又騎車出來閒晃。騎到市區時，路邊傳來陣陣烤肉香，我放慢速度，循著香味而去，一問之下才知道原來今晚活動中心有聚會，聽說會有草裙舞表演跟團康遊戲，愛湊熱鬧的我怎麼可能錯過這難得的機會呢！

我鑽進會場，跟大夥一起坐在台下觀賞，節目很多，從小學生的歌唱表演到短劇演出……現場座無虛席，感覺像是全村的大型同樂會。

最後一個表演節目是草裙舞，復活島跟夏威夷、大溪地等島國同屬玻里尼西亞文化，所以不論人種、文化或舞蹈，都有許多類似之處。表演很精彩，台上熱情的舞者能歌善舞，男人頸套花環、裸露上身，女人頭戴花飾、下穿羽裙，優美的身段帶動全場觀眾站起來跟著音樂搖擺，舞到激情處，台上的舞者走下來拉觀眾上台同歡，看到此番場面，我心裡的「表演魂」又燃燒了，按捺不住蠢蠢欲動的靈魂，衝上台跟舞者共舞！我舉起雙手狂扭，再加上我是全場唯一的黃種人，瞬間成為全場矚目的焦點。

表演結束，要進行遊戲了。我趕快到大門口去買票。他們玩的是「賓果」，不過是變化型的賓果，不單要連成直線，還要連成指定的字形（例如V、M、X）才算過關，總共有十關，各關還分成大賓果跟小賓果，隨著遊戲的進行，全場不斷傳出「嗚……噢……啊……」的各種「哀號」，我運氣不好，連一條線都沒有連到。終於來到最後一關，這關過關者將會得到最大獎，至於這最大獎是什麼呢？不是機車喔，是半隻牛！好屌的獎品啊！

現場大部分都是本地人，除了我之外，還有幾個來復活島拍紀錄片的冰島背包客，巧的是他們也是路過發現好玩才進來的。我覺得自助旅行就是要這樣出來闖闖看，對任何事都保持好奇心，東逛西逛就會遇到有趣的事；如果只躲在民宿休息，就什麼都遇不到了。

同樂會結束回到民宿時已經很晚了，客廳的桌子亮著暈黃的燈光，我的室友正在振筆疾書，他是來自西班牙的大學教授。問他為什麼會來這，他說：「有一天我做夢，夢到摩埃的呼喊，那股神祕的力量叫我一定要過來。」就這樣，他買了一張機票，拋家棄子，從西班牙飛到復活島，在這兒已經住了超過一年，大部分的時間都在寫書，他要寫一本關於摩埃的書。摩埃對他來說有相當特殊的意義，「我一到這邊，看到第一尊摩埃，我就覺得我的選擇是正確的，我感覺到它那神奇的力量，是它引導我到這邊來的。」我聽了覺得很不可思議，但或許這就是上天的安排吧，使得他寧願拋下一切，來到這個海上的孤島。

每個人來到復活島的理由都不同，有人是想要追尋摩埃，有人是想要遠離塵囂，但不管原因為何，我覺得來到這個島上，真的會讓人忘卻許多煩惱，不知道這是否也是摩埃的魔力呢？

鳥人比賽

除了大環形跟小環形，來復活島的人絕對不會錯過南半邊的火山Rano Kau和遺跡Orongo。

Rano Kau大約在機場南方八公里的國家公園，沿途景致絕佳，偌大雄偉的湖口，平靜地躺在那，讓人讚嘆不已。從山上可以俯瞰整個島，居高臨下，好不壯觀。被聯合國指定為世界文化遺產的Orongo石板屋就在旁邊，這裡建了幾十座石板屋，有一些是經過重建的古老房子，石板屋的洞口很低，得用爬的才能進去，石板屋前面是斷崖，對面的海上有三個島，島上流傳著這樣一個故事……

據說，很久很久以前的復活島經歷了一場內戰，摧毀很多摩埃；停戰之後，大家希望和平，但需要一個國王統治，所以他們訂每年九月在此地舉辦鳥人比賽。在鳥人比賽中，復活島上每個族群會各派一位勇士從這邊懸崖爬下去，到火口湖中摘茅草綁成浮板，游到一點五公里外的島上等待海鳥下蛋，並把蛋拿回來，再辛苦地爬上斷崖，以確保鳥蛋的完整，第一個回來的就是當年的國王，可以統治復活島一年；這個傳統一直延續至今，後來轉變成一個觀光活動，但近年來因為太過危險，已經停辦了。聽說那個島上的洞穴中有很多壁畫，可是現在禁止參觀，只有科學家或當地人可以過去；Orongo步道的盡頭是國家公園，除了展示島民過去居住的石板半穴居，還有石壁上迷人的數百個鳥人圖騰。

在島上的這幾天，我慢慢地瞭解復活島的文化，對這個島反而多了幾分敬意。大部分的人來這裡都是來看摩埃，但我覺得，更重要的是要去瞭解這裡的文化，享受悠閒的小島生活。

回憶

看完Orongo，騎摩托車回家時，感覺很不舒服，全身熱熱的，咳個不停，應該是前一天淋雨感冒了吧。我拖著病體騎車、停車，超痛苦的，幸好有帶一些常備藥，回到民宿時，趕緊吞下藥，但還是好難受，整個人癱在床上動彈不得。半夢半醒間，手機響了，沒想到是薩米跟吉娜，他們知道我明天就要離開，特別開車到民宿來向我道別，我非常感動，尤其當時重病，感覺更溫馨。

吃了藥昏昏沉沉的，也不知道什麼時候睡著的。第二天起床時燒已經退了，我的身體還是有一些虛弱，但比起昨天已經好很多。我起身收拾行李，慢慢地將衣服、外套等塞進大背包，桌上的地圖及簡介，我拿來看了一下，也將它塞進背包中，就像回憶一般收藏起來，待思念時再翻開重溫。我虛弱無力地靠著牆壁，不知不覺，又回想起旅途中許許多多的片段，每個看似無關的陌生人，都以一種無可預料的姿態，與我的人生交會，回頭望一眼，三個月迢迢的旅途，在我的身後拉出一條長路……

時光飛逝，三個月就這樣過去了，從原先的擔心害怕，到現在已經獨自走了四個國家與南極大陸，認識無數的朋友，經歷過無數驚險的場面，我似乎變得更有勇氣、更果決、更懂得接受與放下、更懂得處理自己的情緒。是自己成長了嗎？我也不確定，我只知道，我還是一樣信任這個世界，就算我曾經因為太相信人而受傷，還是不想改變我的初衷。

旅行並不會改變這個世界，只會改變觀看這個世界的眼睛。

有人說，你在南美洲認識一個朋友，你在南美洲就擁有了一個家，我很高興，在南美洲擁有了無數的家。

離開復活島之後，我到了澳洲，去了雪梨、墨爾本、大堡礁跟澳洲的心臟——艾爾斯岩，路上認識了很多新朋友，參觀了很多景點，墨爾本的悠閒、大堡礁的珊瑚、火紅的烏魯魯巨岩，還是很好玩很精彩，但不知為什麼，我總覺得這些地方給我的衝擊不夠，感動也沒那麼多，我的心，似乎遺留在南美洲了……

壯遊之後

下一段人生

在澳洲待了三個星期之後，二〇〇九年六月八日，我結束了一百零九天的流浪之旅，回到台灣；七月一日到馬偕醫院報到，投入醫療工作。

家庭醫學科的訓練屬於全方位，急診、婦產科、耳鼻喉科、精神科、復健科、皮膚科……每一科都要受訓，什麼都要會，同時也要站上第一線，診斷、開藥、跟病人和家屬溝通；尤其內科，更是沒日沒夜，就算沒值班，也幾乎每天都忙到十點以後才能回家，訓練過程非常辛苦。

馬偕醫院的小兒科很有名，病房永遠是滿的，「生意」非常好。在兒科受訓時，我每天都要例行查房以瞭解病人的情形，進步或退步、發燒有無改善、症狀有無緩解等等；但我覺得全世界的小朋友似乎對醫生都有一股敵意，他們一看到我就哇哇放聲大哭，我根本沒有機會好好問他究竟怎麼了，哪裡不舒服，只好安慰他們，「不哭不哭，乖喔，你乖乖，叔叔就變魔術給你看好不好？」小朋友不哭了，有的還會反問：「你真的會變魔術嗎？」

我就當場表演給孩子看：我拿出一張衛生紙，咻一聲讓它憑空消失，接著從他們的耳朵裡拿出來，小朋友被嚇到了，一直挖自己的耳朵，彷彿他的耳朵有特異功能。小朋友覺得魔術表演很稀奇，有的暫時不哭了；有的則充滿疑慮，頻頻問「為什麼？」我則趁機分散小朋友的注意力，檢查他們的喉嚨、聽聽呼吸……遇到很乖的小朋友，我也會用變魔術當作獎勵。

安寧病房

我印象很深刻的是在安寧病房受訓時，一位由我照顧的伯伯因為口腔癌手術以及放射線治療，導致下巴及喉部都已經纖維化，癌細胞讓他痛苦不堪，每天都悶悶不樂，加上做了氣切無法說話，只好把想說的話寫在筆記本上；但內容常是抱怨，好幾次寫著寫著就哭了。看到這場景格外令人心疼，我只能盡量安慰他，幫他調整藥物，希望減緩他的痛苦。

月中的安寧病房茶會，我自告奮勇表演魔術，希望用魔術帶給病人歡樂，但我最在意的是那位伯伯，希望他能來。

表演開始了，我們把病人帶到大廳。

我站在台上，四處尋找口腔癌的伯伯，發現他坐在舞台左前方的椅子上；表演到第二個魔術時，我說：「這需要一位觀眾幫忙，嗯……就是你了！我眼前這位帥氣的先生！請大家給他掌聲鼓勵！」我刻意邀請他上台，但伯伯很害羞，「我想可能是掌聲不夠熱烈吧！」大家給予更熱烈的掌聲，在眾人的鼓勵中，我扶著他緩緩走上台，搬了一張椅子給他坐。

我拿出兩條橡皮筋，先讓他檢查這是一般的橡皮筋，沒有做任何手腳，接著我將一條橡皮筋穿過另外一條，垂直交叉，往外一拉，確定這兩條無法分開，然後請他再幫我確認一次，伯伯慢慢地點頭，「但只要我輕輕吹一口氣……」我緩緩拉開兩條橡皮筋，它們毫髮無傷地分開了。

伯伯睜大了雙眼，雖然無法發出聲音，但我從表情知道他相當興奮，「伯伯，為了謝謝你上台幫忙，這兩條橡皮筋送給你當紀念，它們是道具橡皮筋，在上面有一個小機關，如果從那個機關出來，兩條橡皮筋就會分開。」我希望這個小小的驚喜能夠讓他暫時忘掉病痛。

晚上值班時我去看伯伯，看護阿姨特地跟我說：「黃醫師，很謝謝你，伯伯看完表演後一直拿著那兩條橡皮筋研究，連上廁所都要帶進去，一直想找出機關在哪邊。」

我問伯伯，「真的嗎？你有找到嗎？」他搖搖頭。

「哈哈，沒關係，你再研究一下，下次我再變更多魔術給你看。」聽到阿姨的描述，我很欣慰，因為我的表演，讓他露出久違的笑容。

最動人的演出

兩天後，我在部落格上看到一則留言：

謝謝您為安寧病房的病人們表演魔術，照片中的阿伯是我叔叔，禮拜六下午去探病時，我看到他口袋裡有兩條橡皮筋，看護笑著說是醫生變魔術時送的道具。我好久好久沒見過叔叔這麼快樂，身體受這麼多的折磨，我想很難有人會開心的，今天下午再去看他時，他忍著身體的不舒服，堅持要表演魔術給大家看，儘管沒有成功，但我們約好了下次見面時，他要請醫生教他魔術，然後表演給我們看喔！

非常謝謝您！身體的病痛我們不能替叔叔承受，但希望他能得到心裡的快樂。

我看到這則留言很感動，馬上回覆她：「我不知道這樣的喜悅會在他心裡留存這麼久，這超乎我的想像，謝謝你的留言，我好滿足。」

隔天查房時，我決定教伯伯一個魔術。

「伯伯，上次送你的橡皮筋還在嗎？」他高興得張大了眼睛，點點頭，從口袋拿出兩條橡皮筋，「你一直放在身上喔？」這讓我又驚又喜。

「來，伯伯你拿一條、我拿一條。」伯伯動作緩慢地把橡皮筋套在我手上，我慢慢地一步一步教學，手的姿勢、祕密動作、注意的角度，他微微發抖的手指，吃力地跟著我的每一個動作，見他有點跟不上，我再把動作放慢，伯伯練習幾次後，已經可以把順序記起來了，我請他做一次給我看，雖然還不熟練，但也有模有樣了，我拍拍手，「不錯喔，再練習個一兩天就可以上場演出了！伯伯加油！下次表演給你家人看！」

幾天後，在我部落格留言的那位姪女來到醫院，我終於有機會跟她親口道謝，因為她的留言給了我好多力量，「黃醫師，不要客氣，我們才真的要謝謝你呢，謝謝你讓我叔叔這麼開心。」

「哪裡，也要感謝你們常常來看他，陪他說話。走，我們去看你叔叔變魔術！」

走到病床邊，我對伯伯說：「今天是你的個人秀喔！你看這邊有這麼多觀眾！」啪啪啪，圍在病床邊的家人們給予熱切的掌聲。

伯伯害羞地笑了，拿出口袋裡的橡皮筋，聚精會神地表演。

結果……

伯伯變了一個完全不是我教的魔術，甚至在表演到一半時橡皮筋彈飛了，但觀眾們還是給他最熱情的掌聲，在我心中，這是我看過最動人的一場演出，他絕對是我教過最棒的學生。

兩個月的受訓結束，我離開了安寧病房，而伯伯在我離開後不久就過世了。我很難過，無法陪他走完最後一程。不過值得欣慰的是，我在他人生後期曾帶給他短暫的感動，在那三天，至少他是在享受魔術、練習魔術中度過的。我一直都想讓魔術在每個人心中留下一段回憶，就算只有十分鐘，也值得我努力。

在下班後屬於我私人的時間裡，有時會接一些一場幾千塊的商業表演，但我常常提醒自己別忘了變魔術的初衷，是讓別人快樂，不是為了賺錢。我記憶最深的永遠是觀眾看到魔術那一瞬間驚訝的神情和笑容，這是魔術師最想看到的笑容，這笑容讓我深深地感動，這才是魔術真正的魔力。

後記

亞當

我自助旅行時都會隨時攜帶小筆記本，上面寫了我的感想，因為當下的心情最真實、最直接，如果不馬上記下來，事後很多感覺都會流失。小筆記本是一份珍貴的記憶，除了記錄好友們的聯絡方式，當時的字跡也能透露一些訊息，例如字跡凌空撩亂，顯然是在車上搖搖晃晃時寫的；有時急著離開，竟寫成了草書……每當我翻開小筆記本，彷彿打開了記憶的匣子，隨時可以取出生動、有趣、美好的回憶。

二〇一〇年中，我計畫到香港玩五天，想起了在南極認識的亞當，便寫了一封信給他：「嘿，兄弟！下個月我要去香港玩，有沒有空？見個面吧！」他一口答應，「兄弟，等你好久了啊！」

我一出機場就看到亞當，我們一見如故，又是擁抱又是拍肩！上了他的ＢＭＷ，**Wow!** 太嗨了啦！**Pitbull**的**Hotel Room Service**！放這首歌真是太對味了！**It's party time!**

車子從機場一路狂飆，搭配著耳邊的嘻哈音樂，我們兩兄弟開心地敘舊。

亞當從南美洲回到香港後，繼續堅持他的創業夢，積極投入「健康食品販賣機」的工作，是一種消費者只要投幣就可以選擇自己想要的健康食品的販賣機；他不但順利創業，還很成功，一共推銷二十幾台，分布在香港各地，而且還在持續增加中，我很替他高興，雖然他目前所賺的薪水不比以前在金融業，但這是夢想的實現，意義絕非金錢所能比擬。

我們一路開進市區，他先送我到旅館check in，再殺到太平山。他訂了一間視野很棒的景觀餐廳，從窗外放眼遠望，星光點點，美麗的維多利亞港更是一覽無遺；只是，通常來這裡的都是情侶，我們兩個大男生出雙入對，自然引起不少人側目。

在香港這五天，亞當除了處理公事外，其餘時間都留給我。我參加不少他介紹的聚會，包括沙灘烤肉、俱樂部和時尚秀，其中一整天還去西貢玩我從來沒玩過的花式滑水呢！

亞當因業務關係也常來台北，我沒有BMW跑車，無法到機場接機，只能騎摩托車到他下榻的飯店見面；請他吃的也不是景觀大餐，而是八德路上我認為相當好吃的「紅油抄手麵」。但亞當絲毫不以為意，反而對我的摩托車很感興趣，因為香港沒有這種摩托車。他戴上我丟給他的安全帽，這對他來說非常酷。他高興地跟我合照，說要拿回香港跟朋友炫耀；從這兒可以看出他個性單純、可愛又容易滿足的一面。

二〇一一年底我到香港跨年，再度跟亞當見面。我們回憶當時一起搭長途巴士到百內國家公園時，曾互相教對方自己國家語言的情景，想不到他後來在香港遇到一群台灣人，為了展現他很台灣的一面，交談中脫口說出「哇塞」，結果竟被女生嘲笑，「你怎麼講這麼老土的話？那是十年前台灣人講的。」這一次會面，亞當把這糗事搬出來，「你當時怎麼教我這麼『過時』的東西？」「哪會！我覺得『哇塞』很酷啊！」哈哈！

亞當目前的狀況很不錯，他當初設定二〇一一年的目標是販售四十台健康食品販賣機，年底已經增加到六十幾台，超出預期；同時他也重返銀行界，等於有兩份收入，而他最得意的是又換了一台新的跑車。

我曾去香港見他兩次，他來台灣，我們也見過兩次，甚至還來觀賞我所舉辦的售票魔術秀，是我這趟南美洲旅行見面次數最多的朋友。我除了佩服他有理想有行動力之外，更欣賞他重朋友的義氣。

戴上安全帽，對摩托車興致勃勃的亞當。

晶雅

另一個常聯絡的是晶雅。原本不太上網的她因為我而申請了臉書帳號。去年暑假她想帶兒子去亞馬遜河玩，但很多文章都說那裡很危險，晶雅很徬徨，問我的看法，例如去之前需不需要打疫苗？蚊子是不是很多？最後還說：「你是醫生，這問題問你最適合了。」其實她有兩個度假方案，除了去亞馬遜河，就是去海邊，我給的建議是：「亞馬遜河的確蚊蟲太多，去海邊比較好玩。」

晶雅隨後回我信，「即使我現在有機會去亞馬遜河，還真提不起勇氣呢！有空再到巴西吧，我搬了家，新公寓在植物園對面，看過去是一整片綠林，彌補沒去過亞馬遜的遺憾。」

二〇一三年的春節她回台灣，我還跟她一起吃飯，見到她好開心，她沒有什麼變，不過小孩已經長得好高了呀！

塞西莉亞

此外，我還牽掛塞西莉亞。二〇一〇年智利發生大地震，我聽到這消息的第一個反應就是寫信給人在當地的她，她說一切都好，不過哥哥的店已經搬到她住的康塞普森，兄妹倆重新經營一間烤羊肉餐廳，還寄了好幾張照片給我看呢！信末她用生澀的英文說：「我們是永遠的好朋友。」

但二〇一一年九月，我卻收到她哥哥不幸去世的噩耗，我非常震驚，她說是被酒駕超車撞死的，她想起跟哥哥相處的點點滴滴，痛不欲生。信中寫道：**I feel crazy pain.**（我感到瘋狂的痛。）我很難過，寫信安慰她，希望她節哀順變。目前餐廳由她一人獨撐大梁，生活既忙碌又辛苦。

伊基托斯的一群好兄弟

不過，最令我訝異的是在伊基托斯的一群好兄弟，原本離開時，我以為他們最難聯絡上，因為那個地方最落後；想不到一年後，他們隨路易斯離開伊基托斯，全搬到利馬的別墅。由於利馬是祕魯的首都，各方面比較先進，當然也包括了網路。

赫蘇斯本來就有電腦，其他兄弟也陸續買了電腦。說真的，我不知道他們是怎麼找到我的，不過facebook只要有信箱就找得到人，我猜他們是透過email找到我的吧！

二〇一一年底，荷給、赫蘇斯、路易斯都加入臉書成為我的好友，現在反而是上線最頻繁的網友呢！他們放了好多照片，寫自己的心情，交代最近又去哪裡開party，或者又有誰到家裡參觀了，畢竟他們住的是豪宅，在當地的確少見。

我們維持當初的溝通方式，他們用西班牙文寫，我用Google的翻譯軟體翻成中文；我寫中文，他們同樣用翻譯軟體翻成西班牙文，他們最常問我：「你什麼時候會再來看我們？」我們互動時，我的記憶都停留在伊基托斯快樂的時光，好像一切回到了從前。但遺憾的是佩卓失去了聯絡，他本來就不跟他們住一起，應該還留在伊基托斯的「水上棚屋區」吧！

安東尼奧與奧斯卡

還有住在巴西貧民窟的安東尼奧，當時他在待業中，希望未來跟女友一樣當調酒師，不久前果然夢想成真。

在祕魯庫斯科認識的廚師奧斯卡也用簡單的英文寫信給我，他現在到韓國當廚師了。原來在祕魯時有韓國人到奧斯卡的餐廳用餐，對他煮的佳餚讚不絕口，當面提出邀請，目前他在韓國餐廳工作，希望我有空去品嘗美食。

我曾在網路上收看旅遊節目主持人Janet的演講，她提到自己是美國麻省理工學院的畢業生，一直想成為醫師，但因緣際會當上模特兒，後來成為旅遊節目主持人。我當時很羨慕，為什麼她這麼幸運，有一份這麼棒的工作！但我轉個念頭，為什麼我要去羨慕她？與其羨慕別人，還不如花時間完成夢想，讓自己成為別人羨慕的對象，這樣不是更好嗎？

然而，我的冒險還不夠，還有好多想做的事情，我想趁自己還有力氣時，一件一件去完成，世界這麼大，有一天我一定會踏上這世界的每一個角落，我想做更多有意義的事，所有的夢想我都會任性地去完成，我不希望我的人生有任何一點遺憾，一點都不想。

有幾個朋友很羨慕我，「為什麼你能有一段這麼棒的旅程？」我總是說：「因為我很相信人，而且我很勇敢的去嘗試任何一件事情。」而我詮釋自助旅行的方法很簡單，就是去做而已，我說走就走。

旅行，是一種從地平線消失的孤獨之旅。

我看著我的大背包，腦中，已經開始在計畫下一次的旅行了。

【附錄】

旅遊資訊

環球機票是一種讓旅行者繞著地球飛一圈的機票，由旗下有多家航空公司的航空聯盟提供。旅行者可以根據各航空聯盟的規定安排環球行程，不但票價便宜，也可節省交通時間；它的特色是去越多國家越便宜，對於想在一趟旅程中造訪多國的背包客來說，環球機票以十分便捷的方式幫助我們實現夢想。

目前全世界有三個聯盟在做環球機票，分別是寰宇一家（oneworld）、星空聯盟（Star Alliance）跟天合聯盟（SkyTeam Alliance）。

規畫環球票就像進行一場益智遊戲，玩家必須在多種條件限制下找出最佳方案，也就是在符合機票規則的情況下，串接起心目中的理想行程，並發揮每一個航段的最大效益。一般背包客的主要選擇是以星空聯盟和寰宇一家為主，不過這兩大聯盟各有各的優缺點，計價方式也不同。星空聯盟是買哩程數，多少哩程多少錢，你再安排自己想去的點；而寰宇一家是以洲為單位，三大洲、四大洲、六大洲價錢不同（註：寰宇一家現在也有以哩程數計費的方式）。

雖然「星空聯盟」最大，航空公司最多，但南美洲各國停的點較少；而「寰宇一家」在南美洲較有優勢，尤其該聯盟的智利國家航空（LAN）航班多，還有直飛復活島的班機，我這次的旅行主力在南美，所以選擇最符合我需求的「寰宇一家」。

寰宇一家的票期是一年，你可以選擇向東飛或向西飛，但至少要包含三大洲，而且最後一定要繞一圈回到原出發城市，這是它的第一個條件。第二個條件是，每一洲最多可飛四個航段，例如亞洲，你可以選台灣飛香港（第一個航段）、香港飛北京（第二個航段）、北京飛曼谷（第三個航段）、曼谷飛加德滿都（第四個航段），亞洲的航段就結束了，接下來必須從加德滿都飛到下一個洲；全世界最多可以飛十六個航段。我買的是「四大洲」的環球票，如果運用得好，每個洲都玩到四個航段，那會是最划算的玩法。

實用連結

◎環球機票

寰宇一家（oneworld）：http://www.oneworld.com/
星空聯盟（Star Alliance）：http://www.staralliance.com/hk/
天合聯盟（SkyTeam Alliance）：http://www.skyteam.com/

◎ **訂房網站**

Hostelworld‥http://www.hostelworld.com/
Hostelbookers‥http:/ /www. hostelbookers.com/
Booking‥http://www.booking.com/
Agoda‥http://www.agoda.com.tw/

◎ **網路討論區**

背包客棧‥http://www.backpackers.com.tw/
TripAdvisor‥http://www.tripadvisor.com.tw/

◎ **便宜機票**

Skyscanner‥http://www.skyscanner.com.tw/
Expedia‥http://www.expedia.com/
Kayak‥http://www.kayak.com/
Travelocity‥http://www.travelocity.com/
Cheaptickets‥http://www.cheaptickets.com/

◎ **沙發衝浪網站**

www.couchsurfing.com

國家圖書館預行編目資料

南美大暴走——脫下醫師袍，魔術闖天涯！／
黃煜晏著. 陳芸英撰文. --初版. --臺北市：寶瓶
文化, 2013. 7
面；　公分. --(enjoy；51)
ISBN　978-986-5896-34-8（平裝）
1. 遊記　2. 南美洲

756. 9　　　　　　　　　　102011706

enjoy 051

南美大暴走——脫下醫師袍，魔術闖天涯！

作者／黃煜晏
撰文／陳芸英

發行人／張寶琴
社長兼總編輯／朱亞君
主編／張純玲・簡伊玲
編輯／賴逸娟・禹鐘月
美術主編／林慧雯
校對／賴逸娟・陳佩伶・呂佳真・黃煜晏
企劃副理／蘇靜玲
業務經理／盧金城
財務主任／歐素琪　業務助理／林裕翔
出版者／寶瓶文化事業有限公司
地址／台北市110信義區基隆路一段180號8樓
電話／(02)27494988　傳真／(02)27495072
郵政劃撥／19446403　寶瓶文化事業有限公司
印刷廠／世和印製企業有限公司
總經銷／大和書報圖書股份有限公司　電話／(02)89902588
地址／台北縣五股工業區五工五路2號　傳真／(02)22997900
E-mail／aquarius@udngroup.com

法律顧問／理律法律事務所陳長文律師、蔣大中律師
如有破損或裝訂錯誤，請寄回本公司更換
著作完成日期／二〇一三年五月
初版一刷日期／二〇一三年七月
初版三刷日期／二〇一三年七月八日
ISBN／978-986-5896-34-8
定價／三五〇元

AQUARIUS 寶瓶 文化事業

愛書人卡

感謝您熱心的為我們填寫，
對您的意見，我們會認真的加以參考，
希望寶瓶文化推出的每一本書，都能得到您的肯定與永遠的支持。

系列：Enjoy 051　**書名：南美大暴走——脫下醫師袍，魔術闖天涯！**

1. 姓名：＿＿＿＿＿＿＿＿　性別：□男　□女
2. 生日：＿＿＿年＿＿＿月＿＿＿日
3. 教育程度：□大學以上　□大學　□專科　□高中、高職　□高中職以下
4. 職業：＿＿＿＿＿＿＿＿
5. 聯絡地址：＿＿＿＿＿＿＿＿＿＿＿＿＿＿＿＿＿＿＿＿＿＿＿＿
   聯絡電話：＿＿＿＿＿＿＿＿　手機：＿＿＿＿＿＿＿＿
6. E-mail信箱：＿＿＿＿＿＿＿＿＿＿＿＿＿＿＿＿
   □同意　□不同意　免費獲得寶瓶文化叢書訊息
7. 購買日期：＿＿＿ 年 ＿＿＿ 月 ＿＿＿日
8. 您得知本書的管道：□報紙／雜誌　□電視／電台　□親友介紹　□逛書店　□網路
   □傳單／海報　□廣告　□其他
9. 您在哪裡買到本書：□書店，店名＿＿＿＿＿＿　□劃撥　□現場活動　□贈書
   □網路購書，網站名稱：＿＿＿＿＿＿＿＿　□其他＿＿＿＿＿＿
10. 對本書的建議：（請填代號　1. 滿意　2. 尚可　3. 再改進，請提供意見）
    內容：＿＿＿＿＿＿＿＿＿＿＿＿
    封面：＿＿＿＿＿＿＿＿＿＿＿＿
    編排：＿＿＿＿＿＿＿＿＿＿＿＿
    其他：＿＿＿＿＿＿＿＿＿＿＿＿
    綜合意見：＿＿＿＿＿＿＿＿＿＿＿＿＿＿＿＿＿＿＿＿＿＿＿＿＿＿
11. 希望我們未來出版哪一類的書籍：＿＿＿＿＿＿＿＿＿＿＿＿＿＿＿＿

讓文字與書寫的聲音大鳴大放

寶瓶文化事業有限公司

（請沿此虛線剪下）

廣　告　回　函
北區郵政管理局登記
證北台字15345號
免貼郵票

寶瓶文化事業有限公司　　收

110台北市信義區基隆路一段180號8樓

8F,180 KEELUNG RD.,SEC.1,

TAIPEI.(110)TAIWAN R.O.C.

（請沿虛線對折後寄回，謝謝）